つい「自分が悪いのかな」と思ったとき読む本

ずっと心を縛ってきた「罪悪感」がいつのまにか消えていく

心理セラピスト
内藤由貴子

青春出版社

＊はじめに　自分の人生、取り戻しませんか？

この本は、あなたに自分の人生を取り戻していただくための本です。

「取り戻す」という言葉に、とまどわれたでしょうか。

実は、自分の人生を生きることは簡単ではありません。なぜ簡単ではないかと言うと、あなたがあなた自身をだましてしまうからです。

より正確に言えば、ある感情があなたをだますからです。

たとえば、次のようなことに心当たりはありませんか？

・自己肯定感が低くて悩んでいる
・なかなか行動できなくて、いつもチャンスを逃している
・褒められると「いえ、そんなことありません」と言い、良い評価を受け取れない
・気づけば、とんでもない男（女）とばかり付き合っている

・職場で問題があると、また自分が何かやらかしたかと真っ先に思う
・自分のことを後回しにして、気づけば他者のことを優先している

これは、自己肯定感が低いとか、行動力がないとか、男（女）運が悪いとか……。別々の問題のように思うかもしれません。

でも実はこれ、全部一つの感情、「罪悪感」の仕業なのです。

これまで、あなたは心の課題を「罪悪感」とのつながりで、捉えたことはなかったかもしれません。

ところが罪悪感がなくても、ほとんどのお悩みの根源に「罪悪感」は見つかっています。極論すれば、「罪悪感」がなくなれば、お悩みは解決し、望む人生を生きられるのでは、と思うようになりました。そこで、いかにしてこれを解消し、相談者の状況が望む方向に変わっていくかにこだわってきました。

私は、約25年間、心理セラピストやセラピー講師として、主に自分の生き方に悩む方の相談を受けてきました。

セラピストのスタートは、カラーセラピーで、10年前には『モヤモヤから自由になる！3色カラコロジー』（青春出版社）という本も書かせていただきました。カラーセラピーは17年ほど続けましたが、並行して、20年近くやってきているのがフラワーフォトセラピーで、今はこちらに専念しています。ご相談を受けた数は、カラーセラピーと合わせると1万件以上になります。

フラワーフォトセラピーに専念したのは、セラピストとしてより効果的な方法を使いたいからです。フラワーフォトセラピーには、「感情診断」をかなり的確に行う方法があるため、相談者の心の状況を「見える化」することができました。

この感情診断を使えば、家族や職場の人間関係ごとに、ブロックになっている感情を診断できます。そして、潜在意識よりさらに奥の乳児期、出生時、胎児の頃までさかのぼり、存在する感情をＣＴスキャンするようなイメージで診断できるのです。

感情診断のおかげで、相談者のお悩みに潜む感情を意識の表面から深層まで感情の分布で捉えることができ、どんな感情が多いのか、数値化できるようにもなりました。そうして、ご相談者が「なぜ、今のお悩みの状況に至ったのか」を読み解き続けてきました。

その感情診断の積み重ねで言える最も非常識なことは、罪悪感が、何かやらかして起こる感情であるケースはむしろ少なく、

生まれる前から「罪悪感」が存在する人が圧倒的だということです。

生まれる前とは胎児の頃です。

私のところに来るご相談者に、ディープなご相談が多いため、心の奥底まで読み解いてきたから、ということもありますが、社会全体を見ても「罪悪感」は生まれる前から存在する人がかなり多いことは想像できます。

一般に心理学では、罪悪感は、親との関係などから始まると考えられています。でも親とのリアルな関係以前の胎児期から罪悪感が存在しているとなれば、親の問題を説くアダルトチルドレンや毒親的な関係性も、意味が変わってくると私は考えます。

悪いことをして生じる、わかりやすい罪悪感ではなく、胎児の頃からの深層の「罪悪感」によって、悩んできた人が多い可能性もあるわけです。そして、多くの人が罪悪感によって、人生に仕掛けられた巧妙な罠に気づかず、本当に望んで実現していいはずの人生を生

きられていません。

なぜなら、本編で何度もお伝えしますが、「罪悪感」とは「自分に罰を与えようとする欲求（自己処罰欲求）」だからです。深層心理に潜む罪悪感は、知らぬ間に、自分に罰を与える罠を仕掛けてきます。

たとえば、チャンスが目の前にあって、ほんの少し行動すれば手にできるとしましょう。でも、手にして成功すれば、罰になりません。だから、「今はタイミングではない」と、手を出せなくなってしまいます。

行動できないのは、あなたが勇気がないからではなく、単に罪悪感のせいかもしれないのです。

しかも、生まれる前の罪悪感なら、本人が何か悪いことをしたはずがありませんよね。潔白、シロです。だから、そんな罪悪感を「白い罪悪感」と呼ぶことにします。

冒頭で、自分が自分をだましていることに気がついて！　それは「罪悪感」の仕業だから、とお伝えしたのは、そういうことです。

罪がないのに、罰を受けながら生きるなんて、間違っていませんか。

早く罪悪感から自由になって、本当のあなたに目覚め、あなたらしく生きていただきたいのです。

心の深層の罪悪感まで解放できたら、あなた自身の価値を受け容れ、自分を過小評価せず、自分の可能性をもっと信じて生きられます（ここで言う「解放」とは、「罪悪感が消えていく感覚」で捉えてください）。きっと人生の景色ががらりと変わってくるでしょう。

ここで「フラワーフォトセラピー」について、少し触れさせてください。フラワーフォトセラピーは文字通り「花の写真」を使ったセラピーです。罪悪感だけでなく18の感情を解放する「花の写真」があり、感情別にかなり簡単に解放できます。複数の感情をまとめて解放することも可能で、セルフセラピーとして有効です。

せっかく、この本に出合ってくれたあなたに、私が長年セラピストとして培った経験の中から、ご自分でできる方法をお伝えしていこうと思います。

今まで長年、心の奥であなたを縛っていた罪悪感を手放すのは、ちょっと勇気がいるかもしれません。でも大丈夫。まるで消しゴムをかけたように消すことができるでしょう。それもいつの間にか消えているようにラクに、です。

あなたの近い未来は、より価値あるものになっていくことでしょう。なぜなら、心にいつの間にか出来上がった罪悪感の縛りから、あなたは解き放たれるからです。

たまに、罪悪感をなくすことさえ、申し訳なく感じて遠慮する方がいらっしゃいます。もしも、あなたがそうでも、ここは躊躇《ちゅうちょ》なく、この機会を受け取っていただけれたらと思います。

なお、この本は、ピンと来たところから読んでいただいてかまいません。

この本によって、これまでの人生のパターンが変わり、多くの人が望む人生を生きられる希望の機会になることを願っています。

第1章

なぜ、いつも「自分のせい」にしてしまうのか
――心の奥に潜む、「罪悪感」という存在

第2章

誰もが持っている、自覚ある罪悪感
——わかっているのに、どうにもならない

第3章

無自覚に自分を責めてしまう「白い罪悪感」

――あなたは何も悪くないのに……

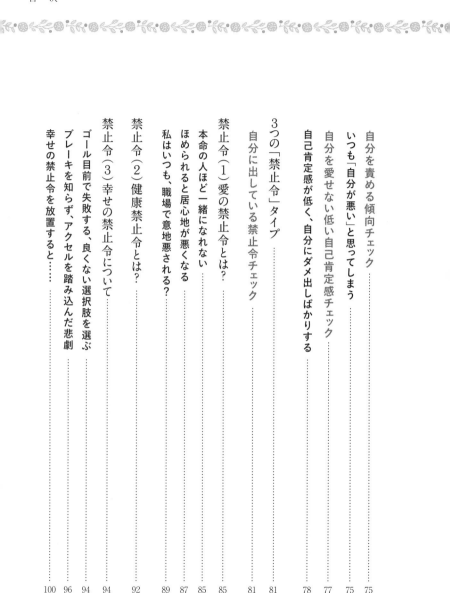

第4章

非常識な、罪悪感心理学
――生き方と人生を左右する、心の構造

第5章

罪悪感の消しゴムがあれば、人生が180度変わる
――感情を解放するちょっとした方法

第6章 私は、なりたい以上の「私」になれる ——もっと自由に、もっとラクに生きられる

カバーイラスト　宮下和／本文デザイン　黒田志麻／本文イラスト　しゅんぶん

第1章

なぜ、いつも「自分のせい」にしてしまうのか

――心の奥に潜む、「罪悪感」という存在

その状況、思ってもみない感情が影響しています

最初にお尋ねします。

あなたには、次のような体験はありませんか？

「また私、仕事でミスった？　なんだか周りの目が怖い……。私ってここでは迷惑な存在？」

「上司や同僚から、意地悪な対応をされているようだ。仕事に行くのがつらい……」

「もう自分の仕事で手一杯なのに、また仕事を振られる。でも、断ったら後が怖い」

このように、職場で責められているように感じたり、人との付き合いでは、

「昨日、あの人に何か傷つくことを言っちゃったかな？　その後、連絡が来ない」

「近所の噂の標的にされているみたい。自分に思い当たることがないのに、なぜ？」

「私を褒めるなんて社交辞令？　『いえ、とんでもないです』と返したので、謙虚じゃないとは思われないよね……」


相手の反応で「自分はあの人に何か悪いことをしたのでは……」とか、「変に思われたかなぁ。もしかしたら……わぁ、どうしよう……」と脳内会話が自動発動し、自分を否定する方向に妄想が止まらない。


また、恋や仕事、人生の大切なタイミングで、

「本命の相手ほど自分から離れたくなる。自分じゃないほうがあの人は、きっと幸せ」

「思いきって何かやろうと決めたときに限って、邪魔が入るのは、なぜ？」

「合格確実だったのに、直前にひどい風邪を引いて第一志望校に落ちてしまった」

「チャンスを前に、なぜ行動できないのだろう。いつも、チャンスを逃してしまう」

これらの例は、不運や勇気がない人のように見えます。そのため、自分のふがいなさを悔やむ人は少なくありません。

私は、こうしたお話をカウンセリングの中で聴いてきました。そして、このようなお悩みのほとんどに、ある感情が共通して存在していることを知っています。

その感情とは「罪悪感」です。

ここに挙げた例も、共通する点として、「きっと、自己肯定感が低いのかな?」とあなたは思ったかもしれません。実際、「罪悪感」がどんな感情なのか、理解している人はあまり多くはありません。これから、あなたの心の奥底にひそむ「罪悪感」についてお話ししていきましょう。

罪悪感とは、自分で自分にするおしおき

まず「罪悪感」とは何でしょう？

・自分は誰かの迷惑になっている。常に何か悪いような気がして、申し訳なさがある
・気づくと自分を責めている
・何か良いことがあれば、何かの間違いだ、良いことなんて受け取れないと思う
・自分には価値がない。生きているのが申し訳ない

そのような気持ちがあれば、罪悪感と言えます。
罪悪感とは、「自分を罰したい欲求」と表裏一体だからです。

自分が自分に罰を与えたくなる欲求、何か償いたいような気持ちを「自己処罰欲求」と言います。自己処罰欲求がさらなる罪悪感を生む連鎖になる場合もあります。

たとえるなら、自分で自分をいじめているという自虐的な構図です。「罰を与えて！」という自己ニーズが先にあるので、それに応じるのもまた自分という図なのです。

『ハリー・ポッター』には、ドビーという「屋敷しもべ妖精」が登場します。彼は「ドビーは悪い子！」と言いながら、自分で頭を壁にゴンゴンぶつけて自分をおしおきするのです。

自分で自分に罰を与えるとは、そんな自分におしおきする状態です。

自分で自分を罰してしまうパターン

第1章の冒頭にいくつか質問をしましたが、少しだけこの心の中を説き明かしてみますね。

罪悪感があると、自分は「罰」を受けるべき存在だと証明しようとしてしまいます。そこで、上司が叱ったり、誰かが意地悪したくなるような状況やミスを、自ら引き起こすように仕向けてしまったりするのです。本人の希望とは真逆なのですが、これは深層心理にある「自分を罰したい」という欲求が仕掛けてくる罠なのです。

自分の仕事で手一杯なのに、また仕事を振られて断れないのは、断ること自体に罪悪感を覚える他に、もう一つ考えられることがあります。それは、自分に罰を与えたい欲求が、「仕事を断れない人」という印象を上司に与えている可能性です。

相手から連絡がこない、既読スルーなども、相手の事情かもしれないのに、自分が悪かったからだと思うのも、「責める自分」が自動発動するからです。これも罪悪感がスイッチになっています。

近所の噂の標的になったケースは、一見、被害妄想かと思われます。実は罪悪感が強い人は、無意識に「自分に罰を与えて！」という空気感を出しています。一方で、そんな空気を敏感にキャッチする人もいるので、獲物として標的にされた可能性があります。

褒められてその通り受け取れず、「そんなことないです」と言う方は多いのです。

罪悪感がある場合、申し訳なさが自動発動するからですが、この後お伝えする「謙虚でなければならない」という思い込みや、罪悪感からくる「愛の禁止令」が関わっていることがあります。

恋愛で「本命相手」から離れたくなるのは、「愛の禁止令」です。

やりたいことをしようとすると邪魔が入る、成功確実が失敗、チャンスに行動できないのは、不運というより、「幸せの禁止令」の可能性が高いです。

これらの「禁止令」にも罪悪感が深く関わっています。

「こじつけ」のようでしょうか？　外から見ればこじつけのようなことが、罪悪感というスイッチによって、ほぼ自動発動してしまうのです。

背徳感と罪悪感

一方で最近では、ダイエット中でもつい手を伸ばしてしまいたくなる「罪悪感フリー」なるスイーツまであります。それを食べること自体は、悪くありません。

でも、「スイーツ罪悪感」の言葉は、甘いものへの誘惑に負けちゃった自分の弱さやタブーを破った背徳感に近いものです。これは、そもそも「罪悪感」なのでしょうか。

仮に、スイーツ罪悪感を「自分に罰を与えたい欲求」の視点から考えるなら、太るとか健康に悪いという「容姿や健康を損なう罰」を自分に与えたいことになります。

それに、スイーツを食べたから罪悪感が起こるのではありません。実は、スイーツを食べる前から、その人に罪悪感は存在しているのです。詳しくは次にお伝えします。「自分に体重増加の罰を与えたい」とイメージしたら、食べたくなくなるかもしれません。それなら、きっと、それは罪悪感ではないのでしょう。

ここまで、罪悪感について、ごく基本的なことをお伝えしましたが、その心の仕組みについては大切なことなので、後ほど、しっかり明らかにしてまいります。

私たちの中にある2つの罪悪感

先に一つ、大切なことをお伝えしておきます。

それは、自分が何か悪いことをしたから起きる罪悪感より厄介な罪悪感があるということです。

実は罪悪感は、悪いことをするより前からすでに意識や無意識に潜在し、刺激されると同時に、意識の表面に浮上してきて、何か自分に非があるように思ってしまうのです（刺激とは、何か自分が悪いことをしたような空気を含みます）。

つまり、罪悪感は、本人が自分に非があると思っても、単なる思い込みや全く見当違いであっても、多くは自動的に発動してしまうのです。

罪悪感に限らず、他の感情でも「感情がすでに存在する」ことがほとんどです。

たとえば、「怒り」の場合。駅のホームで誰かとすれ違ったときに肩がぶつかったとかで、怒鳴っている人を見たことはありませんか。あれは元からあった怒りが外に出たがっていて、怒っていい理由に出会えたから、怒れるぞ！　と解き放たれた状態です。

理屈っぽいようですが、罪悪感を知っていただく上で大切なことですので、お伝えしました。

中でも罪悪感は、その人の人生の中で、最も長く潜伏している感情です。

そして、本人は気づかないまま「罪悪感」のもたらす状況に従って、「どうせ私は能力がないから」「才能がないから」「魅力がないから」「平凡だから」「自信がない」「運がない」「お金がない」「女だから損」などと可能性をあきらめてしまうのです。

心理セラピストとしてご相談を受けていると、本当は能力もスキルもあるし、魅力的なのに、十分に生かせていない方がたくさんいらっしゃいます。現実では、非正規雇用、フリーなら請負仕事で、不遇な条件にもかかわらず、自分の場合は仕方ない、食べていくためにはやむをえない、とその状況に甘んじて従っている方も多いのです。

実は、その状況を作ってしまう背後にあるのが、「罪悪感」なのです。

罪悪感があるかないかで、人生はここまで違います

多かれ少なかれ、罪悪感を覚える機会は誰にでもあります。

本当に人に迷惑をかけたり、罪を犯したのに、罪悪感がないなら問題です。

しかし、何も悪いことをしていないのにある「罪悪感」（白い罪悪感）は、とても厄介です。もしかするとあなたも、すでに自分の意志に反して、意識の奥底から罪悪感によって、人生をコントロールされているのかもしれません。

ここで、あなたに罪悪感がなかったら、どんな人生になるのかをイメージしてみたいと思います。

まず、罪悪感がなかったら、過去の失敗に引きずられず、未来に不安を持たず、信頼できる人と付き合えるので、今ここにいる自分を大切にして生きられます。また、

これまで「どうせ無理……」とあきらめていたことが、「やりたかったから、やっているだけ」と、するするトライできるでしょう。さらに、「望むような生き方をするのは自分次第」と自然に思えて、自由に人生を生きられるようになります。

ここで「まさか。望むような生き方をするなんて、自分にはあり得ない」と思ったのなら、あなたも罪悪感の影響を受けているかもしれません。

このように、罪悪感が「ある」か「ない」かで、人生の質は天と地ほどの差です。

本書を手にしたということはあなたも「どうせ……」と思う反面、「もっと自分らしい生き方があるのでは？」「この人生をもっと充実させたい」と思っているのではありませんか？　罪悪感が「ある」と気づくことから、人生の再スタートは可能です。

なぜなら、先ほども書いたように罪悪感の多くは、あなたが誰かに迷惑をかけたとか悪いことをしたという「事実」が存在しないのにあることがほとんどだからです。

本書を読み進めるうちに、「私は、本当は悪くないのに、なぜ……だったの？」と思えたら、今まで見てきたものの見え方が、変わっていくでしょう。

まず、「自分に罪悪感があるのか」「どんな状況で現れるのか」に気づいてください。

すると、今まで自分の意志でやっていたと思っていたことが錯覚で、罪悪感によって自分がどれほど操られていたか、驚くことでしょう。

この本は、何も悪くないのに自分を責めてしまう人に向けて書いた本です。

ですから、最初から、「人のせいにする人」「他罰的な人」にまで、あなたは悪くないというつもりは毛頭ありません（むしろ、そんな人がこの本を読むと、その傾向が悪化する可能性があります。その意味で、この本を読むことをおすすめしません）。

とは言っても、他罰的な人も、実は、罪悪感があることにうすうす気づいているけれど認められず、人のせいにしている可能性があります。自分を正当化できれば、自分を無実の安全圏に置けるからです。ご自身を客観視できる勇気がある方は、ぜひ、お読みください（なお、ここで言う「人のせい」の「人」には、「親」も含まれます）。

「罪悪感」から解放されれば、「もっともっと自分らしく生きられる」ことを「自分に許可」できるはずです。そうすれば、「自分らしさ」を取り戻し、具体的にどんな生き方をしたいか、ヴィジョンを広げていただけることでしょう。

エネルギーを消耗する、無自覚な責めグセ

ひと口に罪悪感と言っても、さまざまな背景があり、後々まで深刻化しない軽いものから、何度もリバウンドする厄介なものもあります。

たとえば、自分に非があるかのように、常に自分を無自覚に責める人もいます。何かあると自分を責めて自分を傷つけ、そのことに何度も、エネルギーを消耗します。「責めグセ」と呼ぶ人もいます。それを繰り返すことで、似た経験を積み重ねてしまうので、本人も消耗しっぱなし。本当にやるべきことに集中できません。

エネルギーを大切な自分の人生に使えないなんて、本当にもったいないです。

そこに気づかないまま人生を送っている人が、あまりにも多過ぎます。またそれは、その人にとっての人生の質が下がるだけではすまないのです。

まず、罪悪感による、家庭への影響は無視できません。後ほど、家族の話も出てきますが、夫婦はもちろん、親であっても子であっても、相互に関係しあうからです。

そして罪悪感のある人が多い社会は、どうでしょう。

個々のエネルギーは常に本人がやるべきこと以外で消耗されます。そのため、個人が社会に対して発揮できるはずのエネルギーが減っていきます。一人ひとりの自信が失われ、その集合である社会も潜在力は弱まり、活気が失われていくでしょう。

あなたに罪悪感があるとしたら、どんなタイプの罪悪感なのか、次の章から読み進めてください。

各タイプの最初に、ご自身に思い当たることがないか、チェック項目があります。自覚なく反応していることでも罪悪感が関係することも多いので、チェックしてみることをお勧めします。

心当たりのある項目に✓していただくだけです。この✓の目的は、その後読み進めていくときのポイントがどこにあるのかを知ることです。まずは、そこに気づいていただければＯＫです。

日頃クライアントの方々と接する中で、セラピストとして見てきた傾向から、各タイプを分類しました（分類の名称は、私が付けました）。

また、事例として挙げた方々の相談内容は、ご本人を特定できない程度に再構成させていただいています。ご了承ください。

「罪悪感」とフラワーフォトセラピーについて

ここで「はじめに」でも少し紹介しましたが、フラワーフォトセラピーが、なぜ、罪悪感の解放に役立つのかをお話しします。

フラワーフォトセラピーは、シンプルに言えば、相談者がより良い人生を生きていただけるようサポートするセラピーで、「花の写真」を使います。巻末の写真に掲げたように、それぞれが18の感情に対応していて、「罪悪感」もその感情の一つです。

フラワーフォトセラピーをする際、まずカウンセリングで、相談者が何にお悩みなのかを把握します。そして、お悩みの状況が、どんな感情によってもたらされているのかを「感情診断」します（詳しくは第5章でお伝えします）。

本書の文中で「○○の感情が見つかった、あった」という表現を何度かいたします。これはこの感情診断の方法によって、○○の感情を把握したという意味です。

それらの感情は、その人が望む生き方を邪魔する感情です。感情診断によって、何がその方のお悩みを構成しているのか、「見える化」します。

その感情は意識の深さによって異なるため、次ページの図のように顕在意識から潜在意識の層、さらに出生前の意識層まで、掘り下げて診断します。

なぜ「前から罪悪感があったと言えるのだろう?」と思ったかもしれませんが、それは、こうした深層の感情まで、「見える化」した結果です。

診断した感情は、花の写真によって解放が可能です。第5章で詳しく説明しますが、花の写真にある波動がその感情を解放するように働くからです。

この感情の「見える化」によって、生きづらさを抱える相談者に、罪悪感が意識の奥底まで食い込んでいるケースが頻出することに気づきました。

相談者との対話だけでは、とうてい気づけない奥底にひそむ感情です。そして、意識の奥深くの罪悪感は、出生前までさかのぼることがわかりました。

意識の池

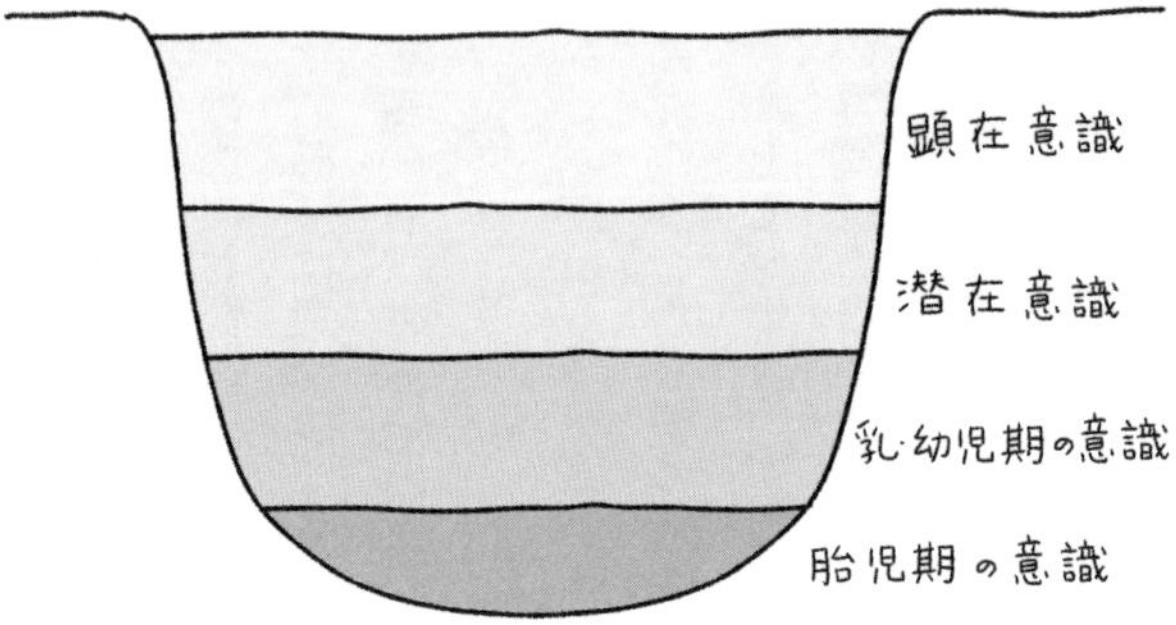

感情がわかれば、その感情の解放に対応するだけです。「罪悪感」を含め、意識層で異なる写真で対応すると、早く解放が進みます。癒す目的一つにつき、6～7回で済むことが多いです。深層の対応まで考えると、かなり早く終わります。

フラワーフォトセラピーと「罪悪感」の関わりをお伝えしましたが、一方で、罪悪感についてより知っていただくことは、これを読んでくださったあなたが、罪悪感から解放されることをより早めることになるでしょう。

なぜなら、滞った感情に光を当てることで、その感情が、自ずと解放に向かい始めることがあるからです。第2章から、具体例をお伝えするので、ご自身に近い状況に気づく機会になるでしょう。

第2章

誰もが持っている、自覚ある罪悪感

——わかっているのに、どうにもならない

「自分が悪かった」という加害者意識があるタイプ

最初のタイプは、「自分はこんなことをやってしまった。申し訳ない」という具体的に加害者のような意識がある場合です。

次のようなことに心当たりがあれば✓してください。

誰かを傷つけた、助けられなかった、裏切ってしまったなどの罪悪感チェック

□ **友人との約束を破った、または裏切ったことがある。**

□自分のせいで、誰かをケガさせた、または心を傷つけてしまった。
□学校でいじめを受けている生徒を知っていたが、助ける行動ができなかった。
□仕事などで、誰かを助けようと頑張ったが、結果を出せず助けられなかった。

該当するものが多かった方は、次をお読みください。

ウソをついた自分に胸が痛む……

自覚がある罪悪感は、多くの人に覚えがあるのではないでしょうか。

たとえば、中学生の頃、試験を控えているのに、自室にこもって勉強しているふり。実際は勉強そっちのけで、マンガやゲームに没頭している……。そこへお母さんが、ドアをノックして、夜食を持って来ると、慌てて勉強するふりをします。

「勉強、大変ね」と言われて心がチクリと痛みますが、当然、試験結果はさんざんです。お母さんは、「あんなに勉強したのに、どうしてかしら。塾に行ったほうがいい？」

と本気で心配し始めました。

「まずい、マンガばかり見て勉強してなかったなんて、今さら言えない……」

ここでうしろめたさを感じたのは、お母さんについたウソに対する罪悪感です。

次の例は、もう少し深刻な例です。

ケガをさせた後に喘息になった男性

かつて私が臨床心理学を学んでいたときに聞いたケースです。

ある男性は、長く喘息に苦しんでいました。

担当したセラピストが、いつからその症状が現れたかを聞くと、小学生の頃、友人に誤ってケガをさせたときからだと言います。

ケガは大したことはなかったようですが、彼は怖くなってその場を逃げ出してしまいました。そのことを謝らなければならない、でも謝る勇気がない、と葛藤しているうちに、相手が引っ越してしまい、謝る機会を逃してしまいました。

しかし、「謝れていない」罪悪感が過度なストレスとなって、どうやら、彼ののどに負荷をかけ、喘息を発症させてしまったようです。一種の心身症でしょう。

このままではいけないと思った彼は、すでに大人になっていましたが、意を決し、その人の転居先を探し出し、時間はかかりましたが、ようやく謝ることができました。しかし、相手は子どもの頃のそのことを全く覚えていませんでした。

ところが驚いたことに彼の喘息症状は、そのときを境に、ぴたりとおさまりました。「罪悪感とは、自分に罰を与えたい欲求」です。心のストレスが病気を引き起こす「心身症」として捉えてみると、「罪悪感」というストレスが、彼に「喘息」という罰を与えたと考えることができます。

しかし、いったんはおさまった喘息ですが、3か月ほどすると「再発」したそうです。彼の謝罪は無駄だったのでしょうか。そうではありません。彼は謝ったことで、一度は、心の重荷を下ろすことができたからです。

一方で、彼の罪悪感は、ケガをさせた件より、もっと前から存在した可能性もあり、何か影響があったのかもしれません。それについては第5章でまたお伝えします。

友人を裏切って助けなかった……、卑怯な自分が味わった気持ち

『君たちはどう生きるか』という吉野源三郎さんの少年少女向けの小説があります。漫画にもなりましたし、宮崎駿監督による同タイトルの映画もあるので、ご存じの方も多いでしょう。

主人公の「コペル君」は、友人を裏切ったことに加え、助けに入らなかった自分の卑怯さを責め、強い罪悪感を覚えて自分を許せず、熱を出して寝込んでしまいます。

実は同級生のガッチンから「上級生ににらまれて制裁を受けるかも……」と相談されて、「それなら僕たちがガッチンを守る。壁になる」と友達みんなと約束していました。

ところがいざその状況になると、コペル君だけが足がすくみ、助けに入れず、友人たちがボコボコにされるのを眺めるばかり。そこに入っていく勇気が出ませんでした。

そんな友人との約束を裏切り、助けに入れなかった罪悪感で、彼はひどく後悔し、熱を出します。熱でこのまま死んだほうがましだと、自分を責めます。熱が下がっても、こんな卑怯な自分を友人たちがどう思うのか……。頭の中で考えがぐるぐる回るばかり。学校に行けなくなりました。

そこでコペル君は、いつも相談しているおじさんにこのことを打ち明けます。おじさんは彼にまず、「彼らを裏切ったことで君がどれだけ苦しんだかを伝えても、彼らの考えを変えられない。だから、一度、考えるのをやめたら?」と言いました。

そして、「もうどうすればいいのか、君はわかっているはず」と彼を諭し、コペル君は友人たちに謝罪の手紙を書きます。

一方、おじさんは、かねてよりコペル君との対話から得た気づきを綴ったノートを持っていました。それを彼に読むように渡します。コペル君は、そのノートを読むことで、自分自身を見つめ直し、本来の自分を取り戻していきます。

ようやく登校してきたコペル君を、友人たちは許し、仲直りすることができました。

「自分を責めること」の意味は？

これら二つの話は、一つはフィクションですが、第1章でお伝えした「罪悪感は自分に罰を与える」ことをよく表しています。

コペル君は、自分の頭の中で、ガッチンたちが自分を許さず、どんな反応をするのか、ひどいことを言われるのか想像しては、考えがぐるぐる回るばかり。その考えは、自分を責めて苦しめます。自分に「罰」を与えているのです。彼の場合、おじさんがそこから救い出す機会をくれたので、この体験から成長できました。

これらの話から学べるのは、罪悪感のきっかけとなった事柄がはっきりしている場合は、比較的、罪悪感から解放されるのは容易だということです。

なぜなら、具体的な「償い」ができるからです。

言い換えれば、誰に対して罪悪感を持ったのかがはっきりしている場合なら、謝罪を含めて具体的に償えます。しかし、それができないと、罪悪感はずっと罰を与えるかのように、ひたすら自分を責め続けるように仕向けます。

もちろん加害者となって、謝ったくらいで済まないケースもあるでしょう。謝っても許してもらえないこともあるでしょう。

刑事ドラマではよく、子どもの犯罪を親が隠ぺいするという話があります。最後にそれが明るみに出て、刑事が親を諭すとき、こんな言葉を伝えることがあります。「あなたは、息子さんの償う機会を奪うところでした。償えなければ、息子さんは一生、それを抱えて苦しむことになるのですよ」と。

犯罪ならずとも、謝ったら許されるという保証はありません。しかし、自分の中に溜め込んでしまう「謝れなかった思い」は、自分を責め続ける「毒」となり、自分自身を壊してしまうことにもなりかねません。

冒頭に挙げた試験勉強をさぼってお母さんにウソをついた罪悪感も、ずっと抱えていたら、やはり毒になりかねません。マンガの誘惑に負けて、自制できなかった弱い自分にダメ出しをして、自分を傷つける罰になりますから、侮れませんよ。

「親に申し訳ない気持ちになる」子と「子どもの問題を自分のせい」にしてしまう親

次の項目の中で、✓が入るものはありますか。

親子間で抱える罪悪感チェック

□親の期待に応えられず、申し訳ない気持ちがある。
□自分が生まれたことで、親は、やりたいことをあきらめたり、心身に不調が出た。
□「産まなければよかった」と言われたことがある。
□子どもが勉強しない、学校に行きたがらないのは、母親である自分のせいだ。

□夫や親から、子どもが成績や行動に問題があるのは、母親のお前のせいだと言われた。

□結婚や仕事で親を置いて出ていくのは、親を見放すようで申し訳ない。

□高齢の親は施設に行きたがらないし、自分が介護しないのは、親不孝だ。

これらは、加害者ではないのにさまざまな状況、環境が関係して罪悪感に苦しんだ例です。項目ごとに関連した内容を次からお伝えしていきます。

親の期待に応えられず、申し訳なさを感じた例

加害者でも何でもないケースですが、親の期待に応えられず、申し訳なさを感じる人もいます。

一家全員、または代々○○の職業、老舗の家業や会社を継ぐことを期待されて、自分だけその仕事に就けない、または就かなかったことで、罪悪感を持つ人もいます。

子育てを終えてそろそろ還暦という主婦の三千絵さん（仮名）は、両親、親戚まで、学校の教師。自分も教師になろうとしましたが、結局、なりませんでした。

母親は三千絵さんにも教師になることを望んでいました。彼女はその期待に強いプレッシャーを感じ、自分がその期待を裏切ったことが、そのまま罪悪感となり、長い間、彼女を傷つけていました。

しかし、当時、彼女が手伝っていた仕事を聞いて、「あら、先生をしているじゃない」と思いました。それは、塾の講師だったのです。

私がセッション中に三千絵さんから「塾の先生として子どもたちと関わって、子どもたちに何を思いますか？」と尋ねたら、返ってきたのは、次のような言葉でした。

「勉強ができなくて自信を失っている子が多いけれど、人の可能性は勉強だけじゃないですよね。それぞれの子が持つ可能性や力を見つけるサポートをしたいんです」

それを聞いて、

「それこそ、三千絵さんが子どもたちと関わりたい本当の意味ではないですか？　それは学校の教師でなくても、今の場で実現できるのでは？」

とお伝えしたら、ハッとされたようでした。

彼女が長年抱えていた親への申し訳なさという罪悪感は、こうして、もっと意味ある形へと変わっていきました。

形だけ親の期待に応えるより、自分にとって意味ある人生を選べることは、素晴らしいことです。親の期待は、深い思いがある場合もあれば、残念ながら、エゴによるものも少なくありません。

本人が後悔ない人生を生きることは、結果的に親の幸せではないかと思うのですが、いかがでしょうか。

親が自分を「産まなければよかった」と言った場合

「お前なんか産まなければ、やりたいことをあきらめずに済んだのに……」

そんな親の愚痴を聞いて育った人も、自分が悪いことをしているような気持ちになりがちです。

さらに、「お前なんか、いなければよかった……」と言われる場合も多く、それは、お前は「存在するな」というメッセージとして心に深く残ってしまうことがあります（これは、「交流分析」という心理学でいう「存在するな」という禁止令です）。

真意はこんな言葉とは違って、単純に親の感情のはけ口として言われることもあり、親の本心ではないことのほうが多いのですが……。

＊＊＊

こんなケースがありました。

陽子さん（仮名）の相談でお聞きしたのは、ご自身の出生の秘密。中学に入学したとき、学校で戸籍の書類が必要だと言われて取り寄せたところ、自分の欄に「養女」と記載されていました。驚いた彼女が親に問いただしたところ、ずっと育ててくれた母親が、産みの母ではなかったことを初めて知り、ショックを受けたそうです。そのお母さんも、しばらくすると病気で他界されました。

産みの母は、陽子さんを産んだとき、育てられない事情があったようですが、こうした場合、産んだ親に恨み言を言いたい人が多いものです。しかし、彼女は全く違いました。

「私を妊娠したことで、その人生の邪魔をしたのではないかと申し訳ないです」

と、自身の出生に対する罪悪感を語ったのです。

これまで私が担当したご相談では、実の母親に対して、かなりの人たちの怒りや恨みがましい声を聞いてきたので、セラピストとしてもこのことは驚きでした。同時に強く胸に響きました。

なぜなら、彼女は、産婦人科の看護師で、その仕事に就くまでの行動は、早くから一貫していたからです。

難関と言われる大学で看護師の資格を取って、産婦人科の病院で仕事をしていますが、他の科で看護師をすることは全く考えたことがないそうです。そこに、強い意志を感じました。

彼女は、産婦人科の看護師として、ティーンエイジャーでも、性や妊娠に関する悩みを気軽に相談できる場を設けることに強い使命を感じて行動を始めました。特に若くして望まない妊娠をした女性をサポートすることがとても重要だと感じたからです。

私は彼女に対して、白い罪悪感を含めて感情の解放セラピーをしていきました。産みの母への罪悪感も、彼女のこの使命が形になることで、より昇華されていくと感じています。

＊＊＊

親の「産まなければよかった」の言葉を始め、自分は悪くないのに「お前のせいで」と直に言われるのは、心にぎりぎりときりで穴を開けられるようなつらさがあります。

私自身、幼い頃、母が病気で臥《ふ》せっていたので、イラついた父から「お前が言うことを聞かないから、お母さんの具合が悪くなった」という言葉をぶつけられたことが何度かありました（こんな言葉は、子どもに罪悪感を植え付けますから、親は決して言うべきではありません）。しかし、これも毒親とも言えないのです。それはまた、第４章でお伝えします。

子どもが勉強しない、学校に行きたがらないのは、母親である自分のせい？

世のお母さんは、自分が子どもにとって十分なことをしている母親なのかをいつも気にしています。そして、十分でないと感じると、自分を責めます。また、そう感じる機会は、際限なくあります。

だから、お母さんは常に罪悪感と隣り合わせです。

そこに追い打ちをかけるように、お子さんが不登校になったとしたら……。

実際にあったご相談を紹介します。

＊＊＊

中学3年生の息子さんが不登校になって相談にみえた優子さん(仮名)のケースです。

彼女は、先に「不登校は、母親が変わることで解決する」という、あるカウンセラーのネット情報を見て相談に行きました。その際、母親が変わるためには、自分の子どもの頃の親との葛藤に向き合う必要があると言われ、向き合うことを促されました。

しかし、彼女の場合には、親との葛藤など、ピンと来るものはなかったそうです。

優子さんは、「自分が親に向き合えないから、自分は変われない」と、変われなくて子どもを助けられない自分を責めて、苦しい日々を送っていました。

たまたま私が手掛けるフラワーフォトセラピーが、自分の子ども時代に向き合うことをしないと知って、セッションに来られました。

優子さん自身のストレスも相当なものでした。ご自身の言葉を借りれば、「子育てに失敗した親、ダメな母親、情けない、恥だ」と自分を責め、身を切られるような思いに苦しんでいました。感情診断をすると、罪悪感などが具体的に見つかったので、優子さんご自身のセラピーを行いました。

並行して、息子さんご本人に会わずに感情診断する方法で、彼の内面の状況を把握し、感情の解放は、第5章で紹介している花の写真を使う方法を優子さんに自宅で実施していただきました。学校に戻れる自信が回復できるよう対応していったところ、2か月ほどで無事に学校に行けるようになりました。

ここでお伝えしたいのは、お子さんの不登校の理由は、必ずしもそのお母さんの幼少期に原因を求める必要はないということです。

もちろん、不登校に限らず、明らかにお母さんの課題とわかる「親子関係」のケースはかなりあります。ですから、優子さんに最初に担当されたカウンセラーさんが、その視点で対応されたこともよくわかります。

一方で、お子さんが不登校でなくても、世のお母さんは、子育てにいつも正解を求め、十分な自信がない人がほとんどです。お子さんに何かあると「自分は何か間違ったのか？」と自分を責める傾向があります。夫や姑から責められる人もいます。いたずらに罪悪感を募らせるような対応をしないよう、セラピストとして、自戒したいところです。

このケースでは、不登校を起こした原因探しよりも、感情の解放に努めました。セラピーが進むにつれ、ご家族の関係が次第に良くなっていき、中学3年だった息子さんは、登校するようになった後、無事に志望高校に進学。その後も、心配された不登校のリバウンドもなく、自分で進路を見つけて、大学に進学。希望の職種に就職が決まったとご連絡をいただきました。

何より優子さん自身がこの体験で、「不登校を選んだこと」も「復帰したこと」も等しくお子さんの「すごい勇気！」だと理解できたから、息子さんの未来も何とかなる、と彼の力を真に信じられるようになりました。ご自身もまた、親として見違えるように成長したことに気づかれました。

「私が支えなくては申し訳ない」と思うケース

時々こんなケースがあります。

たとえば父親がいなくて、母親が無収入のため自分で生活ができず、母が娘の経済力に依存している場合です。娘さんは、自分の収入で母親の生活費の面倒を見ているため、結婚することは、自分だけ幸せになるようで、申し訳なく感じてしまいます。

実際、母親が「この親不孝な娘は、私を置いて自分だけ幸せになるのか！」と娘の結婚を壊しにかかることがあります。娘は母を置いていく自分を責め、葛藤します。

他にも、過干渉な母親から自立しようとすると、邪魔をして支配してくる母に辟易しつつも、離れられない例もありました。親を裏切る罪悪感で動けないからです。

これらは、母と娘が共依存関係にあり、母子密着としてもよくあるパターンです。母親の娘への依存はもちろんですが、支え手になっている娘も、経済的に自立をしているように見えて、自分の母を支える役割によって自分が支えられているので、役割に依存しているといえます。これでは自分の人生を生きているとは言えません。

共依存は、恋愛関係にもよく見られます。

よくあるケースは、女性が男性を経済的に支えるだけでなく、男性が女性に支配的に関わり、女性は暴力を振るわれても、何度浮気されても、「あの人、私がいないとダメなのよ」と、支え続ける場合です（男性と女性の立場が逆の場合もよくあります）。

この場合、男性は、過去につらい体験をしたなどで、精神的な不安定さを抱え、ギャンブルやお酒に依存しがちです。さらに自分の傷を舐めてくれる誰かが必要です。

女性が愛だと思っているのは錯覚で、「支える」という役割に依存して生きています。

この関係以外に、自分の存在価値が見出せないからです。

また、どちらにも罪悪感があり、自分を罰したい欲求があることが考えられます。

こんな場合、女性が自立するには、支えている側（女性）が、相手から離れることが必要です。相手（男性）が支えを失って倒れても、相手に自立に目覚める機会を与えられる最善の道です。それが本当の愛です。そこに罪悪感を持つ必要はないのです。

しかし相手が自分の親で、ましてや高齢で介護が必要になってくると、もはや親に自立を求めるのは困難になってきます。そんなとき、施設に預けるなどの選択に罪悪感を覚え、自分が介護することを選び、子や嫁が仕事を辞めるケースもよくあります。子に依存する親ほど、施設の入居に抵抗しがちですが、施設なら、急な体調の変化に気づいてくれたり、食事が提供されたりと、親にとって良いことも多いでしょう。何より親と一緒だと、娘や息子が親に怒りなどを感じることで、自分を責める葛藤も起こりがち。しかし親と距離を取れば、それも減ります。

あなたが、自分の人生の自由と幸せを選んでも、罪悪感を持つ必要はありません。親が亡くなった後も、自分の人生は続きます。それを意識して、どんな選択がベターなのかを考えて対応することは、決して親をないがしろにすることにはなりませんよ。

倫理観に過剰に縛られて
自分の幸せを犠牲にしてしまう

次の「」内の言葉をよく言われたことがありませんか。✓してみてください。

世間の倫理観による自虐度チェック

- □「人のせいにする前に自分が悪くないか反省しなさい」
- □「人に迷惑をかけてはいけません」
- □「わがままを言ってはいけません」
- □「人のために自分が進んで犠牲になりなさい」

□「謙虚でありなさい、自慢なんかしてはいけません」
□「自己主張は控えなさい、協調性が大事です」
□「人は分相応にするべきです」

チェックの多かった方は、いつの間にか罪悪感を蓄積している可能性があります。私たちは幼少の頃から、しつけも含めていろいろな倫理観を強いられます。そのほとんどは、「正しいこと」とされているので、従うのが当然という圧力があります。それが本当に正しいことなのかどうか、気づいていただきたいのです。

たとえば、褒められるとつい、「いえ、そんなことありません」と言っていませんか。「謙虚でありなさい」「傲慢になってはいけません」という倫理観自体は間違ってはいないでしょう。でも、これが刷り込まれると、自分に対して褒められてしかるべき「正当な評価」さえ、受け容れると謙虚さに欠けるような、うしろめたい気持ちになります。その気持ちが強いと、相手の気持ちを受け取れていないことに気づきません。

言葉を言葉通りに受け取って、ただ「ありがとうございます」と、感謝を言えば、相手も良い気持ちになるはずなのですが……。

そんな一見すると常識と思われていることが、人の心をかなり縛ることがあります。

また、「人に迷惑をかけてはいけません」なんて聞くと、「それ、当然でしょ」と思いますよね。人に迷惑をかけない範囲で自分の自由を追求する人生は、認められて良いはずです。「自由と幸福を追求する」という人生で大切なことにかなっているなら、許されていいでしょう。

ところが、自由に生きている人を見て、嫉妬や嫌悪を表す人がいます。「自分が持っていない、自由と幸福を普通に持っている人を許せない」と思っている人です。少し前の世代にはありがちで、姑だけでなく母親でも、そんな感情を持つ人もいます。「あなたはいいわよね、親のことを放っておいて、海外で好きな仕事して」と、専業主婦の実の姉が、海外で仕事をする妹に対し、嫉妬を向けた例もあります。

しかし、そんな悪意をぶつけられると人はひるみます。

本当は、自由で自分の幸せを追求することが悪いはずはないのですが、ここで「家族に迷惑をかけたのだろうか。わがままなのだろうか。自分の欲求は犠牲にしないといけなかったのか」と過剰に倫理観が働き、好きなことをすることに罪悪感を覚え、自分の望む生き方を引っ込めないといけない気持ちになります。

他にも、小さい頃から言われがちな言葉はあります。

「自由より人の和を大切に」「人のために、進んで自分が犠牲になりなさい」「何かを手に入れるには、何かを犠牲にしないとならない」「分不相応なことはするべきではない」……これらの倫理観が意識にしみ込んでいると、その言葉に背くことをしようとするとき葛藤が生まれがちです。コロナ禍でよく言われた「同調圧力」も、背景にこうした倫理観がありそうです。

本来は、「人のせいにするべきではない」くらいの内容が、「人のせいにするな、まず自分が悪くないのか反省しなさい」というように、倫理概念が、禁止や指示として

「強制力」を持って無意識に刷り込まれていくのです。

そんな倫理観は常識だからと、縛られていることに気づいていない人は多いのです。


だから自分が「本当にやりたいこと」をしようとすると、

「自分がやりたいことをするのは、自分勝手で、家族に迷惑をかけることになるし……。子どもが大きくなるまでは親として、多少、自分が犠牲になっても仕方ない。そもそも、私程度の能力でやりたいことをしようなんて、おこがましい。分をわきまえろ、という話かな。やっぱり、わがままなのかなぁ。やりたいことを主張すれば、家族の協力も必要で、きっと負担をかけることになる……。私が何も言わなければ、みんな、このまま平和な毎日を過ごせるし……」

このような言葉は、実際、セラピーの相談者から聞く声ですが、そうやって自分を納得させるかのように脳内会話が繰り返されます。

そんな葛藤は、心の奥で自動的に「罪悪感＝自分を罰したくなる」感情を発動させ、自分を責めることや自己犠牲につながっていきます。

さらに「家」や先祖までさかのぼって○○家にあってはこうあるべき、という意識にいまだに縛られる人もいます。「長男がいない家では長女の私が……」と当然の責任として家に残ることが、自分の役割と疑っていない人もいました。

自分の自由を犠牲にする人生を選ぶのも、ご本人が、心底、自分が決めたと自信をもって言えるなら、何も問題はありません。

ただし、その役割によって自分の存在価値を認められるのだと思うとき、役割を除いたシンプルな自分の価値とは何かをご自身に問うことは、意味あることだと思います。

さて、世間の倫理観にチェックが多くついたとしても大丈夫です。意味のない罪悪感から解放されたなら、あなたの生き方の選択肢はもっとあることに気づけるはずです。

信仰をしない自分は異端……？

ここからは、宗教観による罪悪感を、✓してみましょう。

宗教観による罪悪感チェック

- □「神様はいつでも見ています。悪いことをしたら地獄に落ちます」と言われた。
- □何らかの宗教的トラウマがあった。
- □聖域を侵すことや、神仏などにやってはいけない禁（タブー）を破ってしまった。

ある人は、家族が全員、ある宗教を信仰しているため、自分も信仰するように子どもの頃から言われ続けました。それが嫌で実家を出た後、帰れなくなりました。実家に帰れば信仰をしない自分は異端で、罪悪感を覚えるからです。

私の体験を例に挙げます。

私自身は無信仰ですが、たまたまキリスト教系の幼稚園から小学校に進んだことで、そこで言われたことにかなり影響を受けました。

「いつも神様が見ていますよ（悪いことをしたら地獄に落ちますよ）」と（ ）内のことまで言われたのか、よく覚えていませんが、何かやらかして地獄に落とされる恐怖で、ありのままの自分ではいられず、とても居心地が悪かったのです。神様を理由に常に「良い子」でいることを学校に強いられ、常に監視される緊張状態です。

キリスト教には生まれながらにして人は罪深いという「原罪」の概念があります。イエス・キリストは救い主としてそんな罪をあがなってくれるので、キリストを信じることが、救いになるというのですが……。

相手は神様です。私にとっては、絶対的な怖い存在で、トラウマのようでした。

これは私個人の幼少時の体験ですから、一般論でお伝えするつもりは全くありません。知人には、神にゆだねたら、楽になったという人もいますから、人それぞれです。

私の場合はおそらく、次の章でお伝えする「白い罪悪感」が、キリスト教の環境で、より刺激されたからだと今では理解しています。

矛盾するようですが、一方で私は宗教には興味があり、大学での専攻は日本宗教史です。身近な民間信仰を知って、人には心の拠り所が必要だと気づいたことが、今の仕事につながっているので不思議です。

「バチが当たった！」というのも、一種の宗教的な罪悪感の現れです。「聖域に入ったら、悪いことが起こる」のようなタブーに対する戒めの多くは、災いなどを避けるための民間信仰からくるものです。

人は禁を破ることに恐怖を持ち、罪悪感と容易につながります。スピリチュアルな世界が好きな方に、「〇〇は避けるべき……」的なことを気にする人も多いですから。

助かった自分を責めてしまうタイプ

次のどれかに心当たりがあるなら、「サバイバーズギルト」があるかもしれません。
✓が入った方は、本文にお進みください。

災害、事故、戦争、病気などのサバイバーズギルト・チェック

- □ 災害や事故などを体験し、犠牲者がいた中で、自分は助かった。
- □ 震災、洪水などの災害、事故などが起こった場に、たまたま居合わせず難を逃れた。
- □ 自分とは無関係の大規模災害で、何かしなくてはと申し訳ない気持ちになった。

生き残った自分に罰を与えようとする

２０１１年の東日本大震災は、まだ記憶に新しい大規模災害でした。

あの災害の中で命が無事でも、家族や周囲に犠牲者が出た人には、もっと自分が何かできれば、犠牲を食い止められたのでは……と思って自分を責めている人もいます。

震災だけでなく、事故でも事件でも、または病気の場合でも、自分は助かったけれど、亡くなったのが、なぜその人で自分ではなかったのか、罪悪感を抱える人が多いのです。それは、犠牲者の多さにかかわらず……です。

また、以前私が勤めていたカルチャースクールで、絵画教室に通っていた昭和一桁生まれの女性は、

「絵を描くのは楽しいのよ。でも、そんなふうに楽しければ楽しいほど申し訳ない気持ちも強くなっちゃうの。私たちの世代は、いろいろあったからね……」

と語ってくれたことがあります。「いろいろ」のほとんどは、戦争です。

これらはサバイバーズギルト（生き残った人の罪悪感）と言います。もちろん自分

も災害や事故のトラウマもあった上で、生き残った自分を責めてしまうことは多く見られます。こうした形でも、罪悪感が自分に罰を与えようとするのは同じなのです。

一方で、直接、被災したわけではないのに、災害状況を見て自分も何かしなければならないような気持ちにかられ、何らかの行動をせずにいられなくなった人もいます。

全く被災者ではないのに、気づかないうちにそんな罪悪感が心の奥底に潜伏し、自分に罰を与えている人もいました。それだけ大規模災害は広く人に影響を与えるのです。

＊＊＊

ここまで、自覚できる罪悪感についてお伝えしました。

最初にご紹介したような加害者でもなく、自分が悪くないのに、気づかないうちに、罪悪感によって、自分に罰を与えている人は、かなり多いです。

あなたはいかがでしたか。

次は、これまで見たような具体的な理由も罪悪となることなどもなくて、ただ罪悪感があるという理不尽なケースを見てまいります。

第3章

無自覚に自分を責めてしまう「白い罪悪感」

——あなたは何も悪くないのに……

悪いことをしていないのに抱く「白い罪悪感」

ここからは、「白い罪悪感」タイプについてお伝えしてまいります。

チェックしていただく内容は、「罪悪感」として自覚がないかもしれません。

実際、「自分が何か悪いことをした事実はない」ことがほとんどです。「潔白」なので、私は「白い罪悪感」と呼んでいます。

潔白にもかかわらず、本人は、「自分を責める」「自己否定する」などの形で、意識されることはとても多いのです。まずは、次の✓をして心当たりのある項目をお読みください。

自分を責める傾向チェック

□仕事や日常で、些細《ささい》なミスでつい自分を責める。
□職場や学校で、何か問題が起こったら、まず自分が何かやらかしたかと思う。
□他人が叱責されているのに、自分が責められている気持ちになる。

いつも「自分が悪い」と思ってしまう

ある人は、常に自分がミスをしないかを心配し、大きなミスではないのに、また自分がやらかしてしまった……」と自分にダメ出しし、自分を責めてしまいます。

何かミスをしたという事実は確かにあるのですが、些細なことなので、周りの人も「おっちょこちょいだね」と言うくらいで、とがめられるほどではありません。だから、あまり問題ではないように思えます。

このタイプの方には、職場で何かミスをして、迷惑をかけた、いつも自分が悪い、そんな感覚で、日々を過ごしている人が多いです。だから、「誰かミスした？」と言われると、自分ではないのに、真っ先に「私、またなんかやっちゃった？」と思ってしまいます。また、人が叱責されていると、自分が叱られている気持ちになります。

この傾向がある方は、自分を責めるという罰を自分に与え、償いたいという欲求を無自覚に満たそうとして、ミスして責められる状況を作っている可能性があります。自分に罰を与えることは、罪悪感と連鎖していることを思い出してください。

中には、何か起こると「自分が悪いと思われる」と自動的に思ってしまい、「私が悪うございました」といきなり謝る人がいます。本人にしてみれば、その場を収めたつもりかもしれません。でも、相手は責めていないのに、自分から謝罪しては、「私は、あなたに責められたから謝りました」と伝えたことになります。悪くないのに自分から謝るのは避けるように意識しましょう。これでは相手を「自分を責める悪者」にしてしまいます。

「私、なんだかあなたを悪者にした？」と、逆に相手に罪悪感と共にイヤな思いをさせてしまいます。これまでも、気づかずにやったことのある方は、どうかお気をつけください。

続けて次の項目も✓してみましょう。

自分を愛せない低い自己肯定感チェック

□すぐ自分にダメ出しする。
□自分の長所はわからないが、短所はたくさん挙げられる。
□完璧主義で理想が高く、できない自分にダメ出しをしがち。
□自分がどこか汚れた存在に思えて恥ずかしい。消えてしまいたくなることがある。
□悪いのは自分ではなく、あの人だと思いたいことがある。

自己肯定感が低く、自分にダメ出しばかりする

責めるというより、常に自分にダメ出しをしている人は多いのですが、罪悪感は自分に罰を与える欲求と表裏一体。このタイプは、自分に「ダメ出し」という罰を与えていると考えられます。

そして、罰が必要な自分を、無意識に否定しています。自分に何らかの非や不十分な感覚を常に抱えているので、自分を肯定できないからです。

その非や不十分さを埋めるため、完璧主義な人も多く、完全でない自分を許せず、そんな自分を愛せません。本人は自己肯定感が低いからだと思っていますが、根底に根拠のない罪悪感があることがとても多いのです。

真面目なので、自己否定してしまう自分に向き合って、克服すべき自分の欠点を探し、自己否定の無限ループから抜け出せない人も多いです。これで満足してはダメ、とさらに理想を上げ、その理想に近づけない自分をもどかしく感じる場合も。

一方で問題が起こると、「自分を否定されること」を「否定」したくて、自分は正

しいと主張したいあまりに、「悪いのはあの人のほうよ！」と他罰的になることがあります（この本は、悪くないのに自分を責める人のためのものなので、他罰的な人にはおすすめしませんが、他罰的な人が、いったん、このことを受け容れられるなら、お読みいただく意味はあると思います）。

さて、自己否定を言い換えれば、ありのままの自分を愛することが難しい人を意味します。**「ダメ出し」の罰で自分を愛せなくても、自分を愛で満たすには、他者に愛されるより「自給自足」が望ましいからです**。完璧でない自分を受け容れたら、自己否定の無限ループから脱出可能です。

完璧な人なら、他者から愛されるかと言えば、違いますよね。また、人に気を遣ったり人の役に立とうと頑張ったからといって、他者からの愛で自分が満たされるわけではありません。なぜなら、罪悪感が存在する状況では、自分を愛することがままならず、罰を受けたい感覚が、愛を受け取りにくくしているからです。

でも人には愛が必要です。だから、愛されなくなる状況を避けたくて、自分は正しいと主張して他罰的になることも起こります。

さらに、後ほどお伝えする「愛の禁止令」を持つ人もいて、愛を受け取れない状況が、いつの間にか作られている人も多いのです。

また、「自己肯定感が低い」よりも「自己否定感」の言葉のほうが適切な人もいます。自分なんかいないほうがいい、自分は汚れている、いるだけで迷惑だ、生きていることが恥ずかしい……というように、強烈に自己の存在まで否定している人です。

そうなったきっかけはさまざまですが、たとえば、虐待やいじめなどに遭うと、その体験自体、身体や心にリアルな罰を受けたことになります。「自分は罰を受けた」→「強烈な罪悪感」になり、自分という存在を否定してしまうのです。

性的な虐待を受けた人の中には、自分の存在自体が恥ずかしいような感覚と共に、強烈に自分を否定していることがあります。特に、家族から受けた場合は、逃げ場がありません。自分で自分を守れなかったことを悔やみ、自分を否定する人もいます。

いずれも、本人に罪や落ち度はないのに、理不尽にも、後々まで深い傷を背負ってしまうのです。そういう方に私はお伝えしたいのです。たとえ、どんなトラウマがあっても、強烈に自己否定しても、あなたという存在は、赦《ゆる》されています、と。

3つの「禁止令」タイプ

次は禁止令のチェック項目です。たくさんありますが、ぜひやってみてください。

自分に出している禁止令チェック

- □愛が本物だと感じるほど、愛を受け取れない。
- □下心のない善意とわかっていても、そのまま受け取れない。
- □褒められると居心地が悪くなり、「いえ、そんなことありません」と返しがち。
- □本命の相手に告白されると、逃げ出したくなる。告白される前に、自分から離れる。

□選択肢が二つなら、自分に良くないほうを選びがち。貧乏くじを引きやすい。
□試験やプレゼンなどの本番で失敗しがち。
□チャンスだと思っても、思うように行動できず、良い機会を逃してしまう。
□自分の望むことをしようとすると、なぜか邪魔が入る（転勤、家族の問題など）。
□自分の望むことをしようとすると、体調を崩したりケガをしたりする。
□病気やケガを繰り返しがちだ。
□望んだ状況になった、成功した、幸せだ、というときに、病気、家庭不和、信頼していた人の裏切り、大きな損失などに見舞われたことがある。
□何か当選するなど、ラッキーなことがあると、不幸が倍返しでやってきそうだ。

「禁止令」というのは、自分で自分に出している禁止命令です。しかも、最も人が欲している「愛」「健康」「幸せ」を得ることを禁止する命令が、ここでお伝えする「禁止令」です。

もちろん本人は、気づいていないことがほとんどです。私がセッションで感情診断をして幸せの禁止令が存在した場合、本人は「え？　私、幸せになりたいんですが……」と驚かれることもしばしばです。

なお、交流分析という心理学で、禁止令は、十数個あるとされていますが、ここでは、罪悪感をお伝えするために必要な、私が関わっているフラワーフォトセラピーの「３つの禁止令」に絞らせていただきます。

ではなぜこんな禁止令が存在するのでしょうか。

罪悪感は、自分に罰を与える欲求です。それなのに、「幸せ」になったり、「愛される存在」であっては罰を受けたことにならないため、心の中では、次のようなことが起こります。

禁止令がある人の状況を振り子にたとえて説明します。

「幸福」や「愛」を受け取ることがなければ、振り子は真ん中の位置で止まっています。それがひとたび幸福感や愛に満たされると、「禁止令振り子」が反応し、右いっぱいまで大きく振れます。その振り子が元の真ん中に戻るためには、真反対の左側、つ

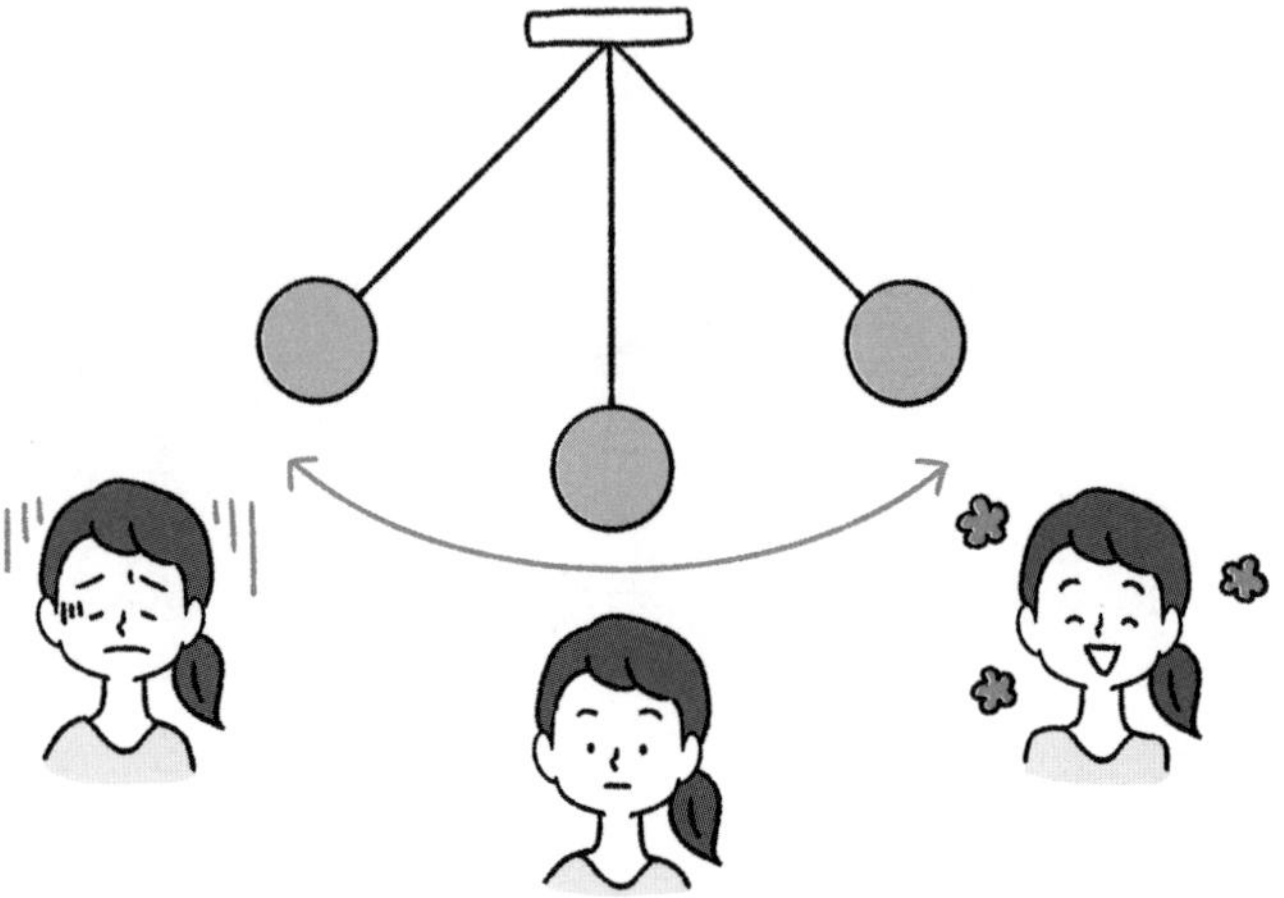

まり、不幸の側に同じくらい振れる必要があります。その後、振り子は元の位置に戻ります。
つまり、禁止令があると、求めていた成功、自己実現、真の愛の成就のような最高のものを得たとき、同じくらい不幸なことが起こってしまいます。ですから、命令違反を避けるため、禁止令があると、無意識に行動にブレーキがかかり、身動きが取れなくなる人も多いのです。
一方でブレーキがかかった状態でアクセルを思いきり踏み込むと、命に関わるくらいとんでもないことが起こることさえ、あります。のちほど、ご説明しますね。

禁止令（1）愛の禁止令とは？

わかりやすいところから、「愛の禁止令」についてお伝えしましょう。次に挙げるのは、「愛の禁止令」でありがちな例です。

本命の人ほど一緒になれない

ある40代の女性、宏実さん（仮名）は、今度こそ理想のパートナーと出会いたいと言っていました。感情診断をしてみると、顕在意識にも無意識にも「愛の禁止令」がありました。そのことをお話しした上で、次のようにお伝えしました。

「本命の人ほど、逃げ出したくなるのではありませんか？　愛を禁止するということは、目の前に愛があっても拒否して受け取れないのですから、愛を与えることもうまくいきません。愛が実らないように行動するので、ときに相手を傷つけるような言動をしたり、連絡を取れないようにしたり……。自分で自分の愛を妨害したりすることも、やってしまいがちでは？」

それを聞いて彼女は、こう言いました。

「びっくりです！　実は、お互い好きだったのに、結局、付き合わなかった人がいます。当時は、『今は好きだけど結局、私が飽きてしまう。私はきっとこんな優しい人を傷つけてしまう……』と思って付き合いませんでした。

彼に未練はないのですが、なんで付き合わなかったのか……。今言った理由も、今の自分が口にしてみたら、何でそう思ったのか不思議に思いました。

いつものパターンからしたら、とりあえず付き合って、〝後で後悔してもいい！〟と突き進んで、既婚者とか浮気性な人とは付き合ってしまうのに……」

これは、ご本人の了解を得て、ほぼご自身の言葉通りなのですが、「愛の禁止令あるある」なことなのです。

愛の禁止令があると、仮に二人の人から同時に告白された場合、本当に好きな人を選べません。とんでもなくダメな男の人でもそちらを選びます。そのほうが、苦労できるので、自分の罰になるからです。宏美さんの場合、「既婚者や浮気性の人」だから、そちらに突き進むことはできたのです。

一方で、理想の結婚をしたはずなのに、些細なことから、愛を受け取れない感覚が膨らんで結局、別れてしまうというケースもあります。理想の愛であればあるほど、逆にその愛を受け取ることを拒否してしまうというのも、愛の禁止令なのです。

本命の人ほど、一緒にいられないなら愛の禁止令の解放をおすすめします。

ほめられると居心地が悪くなる

恋愛でなくても日常生活の中で、褒められると居心地が悪くなる人がいます。なぜなら、お世辞などの意図がない場合、褒め言葉は「愛」だからです。

愛とは何か、定義するのは難しいのですが、ここで少し補足してみましょう。

自分のことを本当にわかってもらえると、些細なことでも、そこに愛を感じます。

たとえば、朝、出勤前のバタバタの中、ゴミ出しに行かなければならないのに、「家中のゴミを集めて、出しに行く時間がな～い！」と、半ばパニック状態。そんなときに、パートナーが、「ゴミ、全部集めて出しておいたよ」と言ってくれたら、「もうあなたは神！」とか思うでしょう。

自分の状況をわかって対応してくれたことに「愛」を感じちゃうのですね。自分が求めていることをちゃんと「理解して」、しかも「求めたことをやってくれた」ら、それだけで「愛」なのです。


さらに、自分が、ありのままに理解され受容されたとき、人は深い「愛」を感じます。

恋愛に限らず、その人の良さをちゃんとわかってそれを伝えれば、相手は、自分への理解の深さに「え、なんでわかったの？」と驚き、愛を感じます。

理解は「愛」です。「理解される」ことは、「愛されること」。「誰かを理解すること」は、「愛を与えること」です。

ですから、愛の禁止令があると、褒められると居心地が悪くなるのです。せっかく「ありのままの自分を理解」してくれたのに。だからこそ、受け取れないのです。

仕事関係の悩みの相談でも、愛の禁止令が見つかることはよくあります。仕事ぶりが褒められても、「いいえ、そんなことありません」と受け取れない人に多いようです。

私はいつも、職場で意地悪される？

次は、職場の人間関係に関するお話です。

ある派遣社員の麻子さん（仮名）は、「どの職場に行ってもいじめられます。今の職場では、特にベテランの女性社員さんがお目付け役のように意地悪を言うんです。なんでいつも人間関係に苦労するのでしょう……」というご相談でした。

感情診断をすると、職場関係における感情に「愛の禁止令」が多く見つかりました。

麻子さんは、先輩から「もっと、先を読んで、気を利かせて対応するのが大切よ」などと言われるたびに、またトゲのある言葉で意地悪されたと思っていました。

しかし、セラピーで愛の禁止令を手放せるように対応したところ、驚くようなことが起こりました。

まず自分の周りの人たちがどれだけ自分に心遣いをしてくれているかに気づいたのです。さらに、いじめてくると思っていたベテラン社員さんは、どうやら家族にごたごたがあって、イライラしていたときだったと知り、

「それで、たまたまそばにいた自分にきつい言い方したのね。本当は、仕事がどんなふうに回っているのか、ちゃんと教えてもらっていたのに。つい、裏を読んで、また意地悪されたと思ってしまったけれど……」

と客観的に理解できるようになりました。

自分と問題を切り離すことができたのです。もう、仕事でいじめられるという感覚は消えて、仕事も楽しくなっていきました。

その会社の契約期間が終わる3か月後、彼女がお世話になった挨拶をしに行くと、

「これまで、本当によくやってくれたわね。ありがとう!」

と言って、彼女に花束を渡してねぎらってくれたのは、そのベテラン社員さんでした。麻子さんは、あふれる涙を抑えられませんでした。

＊＊＊

このケースでは、愛の禁止令が手放されたことで、それまで受け取れなかった周りのささやかな思いやり、小さな愛まで気づけて受け取れるようになりました。これは、愛を受け取っていいという許可を自分に出せたからです。自分が愛されている感覚を手に入れた彼女は、自然と自分で自分を愛せるようになっていきました。

そして、周りが求めていることに自ら気づき、適切に仕事をこなせるようになりました。つまり、愛を受け取るだけではなく、与えられるようにもなったのです。

そんな彼女の変化が先輩に「よくやってくれた」と言わせたのでしょう。

これは「愛の禁止令」が解けたことで、人生の質が変わった良い例です。愛は相互理解。愛の禁止令が解けると、自然に愛を受け取ったり与えたりできます。

禁止令（2）健康禁止令とは？

「健康」については、大きく二つのパターンがあります。

ひとつは子どもが熱を出したら、日頃忙しいお母さんが「病気のときは優しく看病してくれた。それなら治らないほうが優しくしてもらえる」というパターン。この場合、病気のほうがその子どもに利益がある状況です。これは「疾病利得」といって罰にならないので、罪悪感からくる禁止令から外しておきます。

ここでお伝えしたいのは、罪悪感が、病気やケガなどによって痛みや苦しみという罰を自分にもたらす、もうひとつのパターンです。この場合、治りにくいし、ケガを繰り返すこともあります。

ある人は、自然療法も含めていろいろ試していたものの、ずっとアトピーに苦しんでいました。ところが、自分に健康禁止令があることに気づき、発症にストレスによる心身症的な要素が強かったと思い至り、解放に取り組むと、どんどん良くなっていきました。

しかし、二つのパターンがどちらも働いているケースもあります。

何度か引きこもりやニートの方たちの感情診断をしたことがありますが、私が担当した全員にこの「健康禁止令」がありました。心身の不調に加えて、罪悪感、さらに「恐怖」の感情が見つかったのです。

こうしたケースでは、仮に健康になってしまうと、社会に出て職に就けと言われそうな恐れを持っていることが多いです。それがどれだけ怖いことか。今まで社会から距離を置くことで、ようやく自分を保ってきたのですから。

健康に問題があれば、それが社会に出なくてもよいという免罪符になります。一見「疾病利得」のようですが、その病気の苦しみは、罪悪感による罰になります。

健康の禁止令があると、次の「幸せの禁止令」と連動して健康などの不調和につながりやすいのです。

禁止令（3）幸せの禁止令について

最後に、3つ目の「幸せの禁止令」についてお伝えします。「禁止令タイプ」のチェック項目の半分くらいが、これに該当します。

幸せの禁止令がブレーキになっても、多くの場合は、うんとアクセルを踏まない限り、それほど大変なことにはなりません。

ゴール目前で失敗する、良くない選択肢を選ぶ

よくあるケースは、しっかり準備したから、当日に頑張れば結果が出るはずだった、という場合です。

たとえば、大切なプレゼンに準備万端で臨んだはずが、直前にケガして出られず、本番は別の人が代わって行い、成功の実績もその人のものになってしまった、とか。

また、受験の例では、いつも本番に弱いお子さんが受験日に失敗しないように、と感情診断と解放を親御さんから頼まれたことがあります。本人に合格の実力があったことも大きいのですが、試験当日も実力を発揮でき、無事に合格できたというられしい報告を受けました。


さらに結婚相手や就職先など、人生の重要な岐路で、なぜか良くないほうを選んでしまうケースもたくさんあります。

やりたいことをしようとすると骨折をしたり、体調を崩したりして、なぜか中断することが多いと訴えてきた人がいます。感情を診断すると幸せ禁止令と健康禁止令のどちらも見つかりました。

スポーツで念願の優勝を果たしたら、直後に大ケガをした、こんな複合タイプも、結構いらっしゃいます。


やりたいことや幸せになることを邪魔されがちなら、「幸せの禁止令」を疑ってみましょう。

ブレーキを知らず、アクセルを踏み込んだ悲劇

一方で幸せの禁止令があることを知らずに、成功に向けてアクセルを踏んだ結果、成功という幸せを得たとたん、病気や事故に遭う、家庭で問題が起こる、仕事でも仲間の裏切りに遭う、など、大きな幸福と同じくらい、大きな不幸が起こることがあります。

次の話は、大きな幸福と同じだけ、不幸なことが起こった例です。

ある女性は、30代後半に立て続けにがんになり、療養を余儀なくされました。彼女にがんが見つかった頃は、仕事にかつてないほどやりがいを感じていたときでした。

実は彼女の自己実現欲求は、人よりかなり強く、それを仕事で実現したいと思っていました。好きな仕事でやりがいを感じられることは、彼女にとって、この上なく幸せなことだったのです。

その仕事とは、百貨店内のカルチャースクールで講座開発することでした。自分の企画した講座がきっかけで、花の先生になる人や公的な資格を取って、専業主婦からワーキングウーマンへと一歩踏み出した女性もいました。

そんな誰かの人生を好転させる仕事は、天職だと思っていたのです。

そんな彼女に「幸せの禁止令」が存在していたら、何かが起こらないはずはありません。

当然ながら、先ほどの振り子のように、幸せ側にうんと振り子が振れた状態になるでしょう。なのに、自分は命令に違反しているなんて、知る由もありません。当時の彼女は、多少のブレーキは感じても、アクセル全開で、幸せに踏み込んでしまいました。完全な命令違反の状態だったのです。

その結果、振り子は真反対の不幸に、勢いよく振れたようです。

もちろん、がんになるには遺伝や環境など、いろいろな要素が絡んでいるのでしょうが、禁止令が発病のトリガーになった可能性を感じざるを得ないのです。

その後、復職した彼女は、病気が病気だけに、自分の命の意味を確かめるかのように、さらに仕事に励んでしまったのです。

その結果、また別のがんを発症。二つ目のがんは、転移ではなく全く別のがん。最初は、腹痛で緊急手術を受けたら大腸がんがわかり、二回目は婦人科のがんで、子どもを持つ可能性も奪われ、一年近い療養を強いられました。

ようやく復帰したものの、ほどなく、彼女のいた部署の閉鎖が決まり、自分の幸福の場は消えました。そんな場を失ったことは、無理をしがちな彼女に、場を変えて命を続けるよう、天が采配してくれたのかもしれません。

なぜなら、二度目のがんは厄介で、医師は五年生存を危ぶんでいたからです。

この彼女とは、私自身です。

こんな禁止令に気づいたのは、セラピストとして駆け出しの頃、学んでいた臨床心理学講座においてです。禁止令の話になったときに、講師が、

「自分が幸せだ~と思ったときに病気したとか、ケガしたことがある人はいる?」

と尋ねたので、私が手を挙げると、

「それ、禁止令だね」と、病気の内容も聞かずに簡単に言われてしまいました。

後日、突っ込みを入れて、

「自分が20代のときには、職場でいろいろあって、かなりストレスを抱えていました。幸せではなかったのに、胃潰瘍になったのは、禁止令では説明がつきませんが？」

と質問をしました。

「だから、命に関わるような病気でなくて済んだのでは？」

という回答に、妙に納得したことがあります。このときは、やりたい仕事でなくても頑張って実績を出したのに、あり得ない評価にひどく落ち込みました。通常以上のストレスでも、不幸な状態では胃潰瘍程度で済んだのだ、と納得できました。

私は秘かに「この重大な心理のメカニズムをもっと知らせないと、大変なことになる人がたくさんいるのでは？」と痛烈に思ったのです。それが私の人生の使命となりました。

もちろん、禁止令があれば、がんになるという短絡的な話はしませんが、セラピーのセッションや講座をする中で、禁止令をお伝えするようになりました。

幸せの禁止令を放置すると……

幸せの禁止令があっても、多くの場合は、私のように、うんとアクセルを踏まない限り、ここまで大変なことにはなりません。

アクセルを踏んでいないものの、ブレーキはかかりっぱなし。幸せ禁止令があるせいで、違った意味でお悩みを抱える人のほうが圧倒的に多いのです。

たとえば、チャンスが目の前にあっても思いきってつかむために行動できない、いつまでもコンフォートゾーンに留まって、現状維持しかできない自分が情けないと思う人もいます。でも、そこで自分を責めてしまっては、罪悪感の思うつぼです。

行動できないのは、「禁止令」のせいで、自分の安全のためには、行動できないし、そもそも無理なのです。

でもそのブレーキは外せます。状況を変えられます。まず「禁止令」というブレーキの存在を確認し、あれば解除することが先決でマストです。順を踏めば、あっけなく行動できる人さえいます。

間違ってもブレーキを感じているのに、そのまま気合でアクセルを踏み込まないように。無理に行動するのは、とても危険です。実際、私のように命に関わるような例もあるのですから。安全に行動するには、手順通り解除が必要です。

なお、禁止令は、幸せと健康の他、愛と健康、愛と幸せ、また３つ全部が複合的に働くことは珍しくありません。単独より複数で現れることが多いので要注意です。

３つの禁止令をお伝えしましたが、具体的にどんな形で現れるか、本章最後のコラムに並べました。

恐怖と罪悪感の同居タイプ

では一度、禁止令から離れて別の視点で罪悪感を見るため、次の✓をどうぞ。

理由なく恐怖を感じる罪悪感チェック

- □常にわけのわからない恐怖の感覚の中、思うような行動ができない。
- □「失敗したら、人から非難の目で見られるのでは……？」という恐怖で緊張する。
- □チャンスが来ても、「無理をして体調を壊すのでは……？」と怖くなって生かせない。
- □何かあるたびに、悪くないのに「自分が責められるのでは？」とびくびくしている。

実は、「恐怖」が「罪悪感」と同居していることは少なくありません。

そこで意識したいことは、「恐怖」の感情は「罰」に値するということです。とりわけ幼少期の恐怖感は、その子を圧倒的な強さで支配します。

「こんな恐ろしい思いをさせられる自分は、きっと悪い子に違いない。だから、こんな怖い目に遭わされているんだ」と簡単に罪悪感に変わります。

第４章でも、お伝えしますが、罪悪感と恐怖は切り離せないことが多いのです。

ある女性、真理さん（仮名）は、罪悪感と共に、「失敗して責められるのが怖い」という恐怖について何度も語ります。ＨＳＰ（ハイリー・センシティブ・パーソン）傾向もある真理さんは、周りの気配にとても敏感で、それだけでも大変です。何かあると、条件反射のように体がきゅっと縮むようになると何度も訴えていました。そうしてつい体を硬くするためか、幼少時からひどく肩こりに悩まされてきました。

真理さんの場合、次の章で説明する感情診断で見ると、胎児初期から罪悪感と恐怖が同じように見つかりました。真理さんのケースだけでなく、本章で登場した方たちは、本当の感情ではない罪悪感、つまりニセ感情に悩まされてきた人たちです。

真理さんも、深層までの罪悪感や恐怖の解放で、次第に楽になっていきました。
胎児期という言葉が出たところで、出生時のトラウマの可能性を✓しましょう。

出生時トラウマの影響チェック

□誕生時に難産だった、へその緒が首に巻きついていたなどのトラブルがあった。
□早産で保育器に入った、帝王切開で生まれたなど、通常分娩ではない出産だった。

出生時トラウマからくる罪悪感

出生時トラウマ（バーストラウマ）と言われるのは、自分の誕生時に難産で痛い思いをしたなどの体験が、トラウマになって残っている状態です。

出産時にへその緒が首に巻きついていたなど、何らかの出産時のトラブルが罪悪感になるケースは、とても多いと思われます。

恐怖が罪悪感になることについて、この前の項で書きましたが、その痛みが罰の感覚になって、後々まで罪悪感として影響している人もいます。

胎児期から罪悪感を持つ人は、実は少なくありません。

でも、もしも早めにその罪悪感などの感情に気づいて、幼児期やもっと早い乳児期に解放できれば、ここまで書いてきたような罪悪感によるさまざまな状況から、比較的簡単に、自由になれるのではないかと思うのです。

実際、難産だった赤ちゃんの感情診断をして、出生時にあった恐怖の感情を解放したら、今では天真爛漫なお嬢さんに育っているというケースもあります。恐怖が罪悪感につながると面倒ですが、乳児期なら、リカバリーも簡単で、写真をお子さんに見せる程度で済むことがほとんどです。

あなたは悪くないのです

さて、ここまでに、あなたに思い当たる罪悪感がなければ、これ以上、この本をお読みになる必要はありません。

一方で「白い罪悪感」もあれば、「理由がわかる罪悪感」にも思い当たると思った方もきっと多いでしょう。でも、落ち込まないでください。

実は、理由がある、理由がわからない、どちらの罪悪感も切り離せないのです。

なぜなら、「白い罪悪感」が基礎になって、日常の体験の中で、理由がわかる罪悪感が積み重なった可能性が、かなり高いからです。

感情、ことに罪悪感は、想像以上にコントロールが大変です。でも、対応はできますから、自分の感情を把握することを怖がらないでくださいね。あなたは悪くない可能性がとーっても高いのですから、そんなものに振り回されるのは理不尽です。

あなたが、今までに自分を責めて苦しかったことがあったとしても、大丈夫です。

以前、「セラピストが、罪悪感なんて言葉をクライアントに言うなんて、いかがなものでしょうか」と半ばクレームを言ったまま、耳をふさいでしまった人もいました。

「罪悪感」という言葉に耳をふさぎたくなる方がいたら、申し訳ありません。

しかし、そんな方にこそ、ここに書くことをお読みいただきたいのです。なぜなら、否定するほど、それはご自身に「罪悪感」があるとお認めになったのと同じだからです。心理学で、否定や否認は図星と考えます。受け容れ難いから否定したくなるのです。

だからこそ、「罪悪感」という言葉に耳をふさぎたくなる方にも、お読みいただきたい理由をどうか知ってください。これからお伝えします。

だってあなたは、悪くないのですから。その罪悪感は、シロですよ。

読み進めるうちに、「そうだったのか……」と自分に対する認識が変わって、むしろ自分を肯定できるようになっていただけるはずです。

次の章では、そのさまざまな理由を解き明かしていきましょう。

禁止される可能性のある具体的な事柄

愛の禁止令〜愛すること、愛されること
良いパートナー、良い恋愛
健康禁止令〜健康であること（心を含む）、治ること
幸せの禁止令として考えられること
幸福、成功、達成、成長、自立、主体的に生きること
自分で考えること、自分で判断すること
本来の自分であること
自分らしく生きること
目を開いて広い世界を見ること
自身の可能性を追求すること
重要な人物になる（である）こと
決断、実行、行動すること
自由であること
人として生きること
自分が存在すること、生存すること
男であること 女であること
感じること、感情表現すること
快感を味わうこと、楽しむこと
裕福であること、お金持ちになること
平均以上であること
次のことに恵まれること……美貌、良い容姿、良いセンス、才能、チャンス、天職、家庭、家族、環境、自分にとって良い職場、人間関係、人脈……など

＊交流分析の禁止令も参考にしましたが、「幸せの禁止令として考えられること」以下の項目はすべて幸せとして禁止される事柄と考えられます。

第4章

非常識な、罪悪感心理学

——生き方と人生を左右する、心の構造

罪悪感はドミノ倒しのように連鎖していく

第2章、第3章を読んで、いくつも心当たりがあったのではないでしょうか?

実は、あなたが何か悪いことをしていなくても、たくさん心当たりがあって当然なのです。ご安心ください。

なぜなら、どのタイプも感情でつながっているからです。

罪悪感は「自分を責めること」で自分を罰しようとします。また、幸せや愛、健康など、人が最も求めるものに「禁止令」を出すことで、罰を具体化させます。

また、実際には悪くなくても、罰を受けたい感覚のある自分を愛せるかと言えば、それは難しいですよね。だから、「自分を愛せなくなる」ので「自己否定的」になり、「自己肯定感は低いまま」。加えて、「そんな自分を外側に見せるのは無理……」というわけで「恥ずかしさ」にもつながります。

感情がドミノ倒しのように、パタパタと影響を与えていく様子がわかります。罪悪感が複数の負の感情のドミノ連鎖となり、生きづらさを作っていきます。

それは感情が横に連鎖して、拡がっていくような感覚です。

たとえば、本人は、自己肯定感が低いと認識していたとしても、それが罪悪感から来ているものだとは思ってもみないでしょう。

自己肯定感が低いのは、「私は自分が大好き！」と言えないからです。罪悪感があるような自分だから、ありのままの自分を愛せないし、罪悪感による自分への罰として、他者から愛されることを許せない「愛の禁止令」とつながっているかもしれません。幸せになることも、禁止令があれば、許可されません。

そして、自分で自分を愛せない、他者から愛されることも受け取れない……。この状態であっても、人は愛が必要です。愛は、心のエネルギーそのものだからです。

そのために、愛されたくて認められようと、人に喜ばれるようなことをしたい、と仕事で無理をしたり、下手な世話を焼いたりします。

でも、第6章でお伝えするような愛でつながる関係にはなれません。なぜなら、愛されるために、自分が大丈夫か、受け容れてもらえるかが前提だからです。

それでは、相手をよく見る余裕もなく、相手が本当に望むことが見えないまま世話を焼き、かえって、迷惑がられることにもなりかねません。そんな相手の反応によって、また、自分を肯定できる機会を失います。

人と交流することが、恐怖になる人もいます。どう思われるか不安で、恥ずかしくて、自分から人と関われないという人もいるでしょう。苦もなく人と関われて、愛される人がうらやましくて嫉妬を感じる自分をまた許せないということも……。

その許せない感覚は、誰にもぶつけられない怒りとなって、自分に向かいます。その怒りは、新たな罪悪感となって、自分を傷つけ、また自己否定へと向かいます。

このように、罪悪感から始まった感情の連鎖は、どこまでもつながっていく可能性があるのです。

自覚のある罪悪感は、白い罪悪感と何が違うのでしょうか

第2章で自覚のある罪悪感についてお伝えしましたが、白い罪悪感と何が違うのか？　という疑問が起こるかもしれませんね。

罪悪感に自覚があるとしたら、何か理由があるはずです。誰かをケガさせた、友達を裏切ったというようなことで、程度の差こそあれ、似た体験に、覚えのある方は多いのではないでしょうか。

「罪悪感」は、やっていいことと悪いことの区別をつけるある種の警報器です。そのセンサーは、「良心」で、これ以上のことをするとまずいよ、と警鐘を鳴らす役割もあります。人はその機能によって、悪事を働くことにブレーキがかかります。

また過失を起こしたことに対しては、罪悪感が、責任を感じさせ、対応させます。つまり、実際に何かをやらかしてしまったという「行動」が、何かまずい「結果」を生んだときに罪悪感を覚えることになります。

社会人になって、仕事で「発注を間違えた」「取引先に迷惑をかけた」というようなミスから罪悪感が起こる可能性は、いくらでもあります。

そこで罪悪感を覚えても、周囲のサポートによってリカバリーできたり、失敗から学ぶこともあったりすれば、自分を成長させる機会になることもあります。

そんな罪悪感は、引きずることなく、健全な罪悪感と言えるでしょう。

しかし、ちょっとしたウソや冗談のつもりが、修復できないくらい相手を傷つけたりして、思いもよらない罪悪感を覚えることもあります。

良かれと思ってやったことが、結果的に相手を怒らせることもあります。

いずれも謝っても相手が許してくれなければ、ずっと罪悪感を引きずることになりがちです。この状態では、良心センサーは過剰反応して、責任をとれない自分を責め続けるよう作動している可能性があります。

第2章でもご紹介した、親の期待に応えられなかった例も、その人は、別の道を選んだだけのはずです。しかし、いつまでも引きずる人は多いのです。

多くは、親の期待に応えようと、自分に無理な責任を課してしまった可能性があります。ただし、その責任の元になる親の期待を勘違いしたまま苦しんだ例もあります。これは、過失によって、まずい結果を生んだこととは全く異なり、期待を過剰に受け取って、相手の望む結果を出せなくて覚えた罪悪感です。それは、親に愛されたいなどの欲求にも関係するでしょう。

このように、罪悪感を引きずるのは、相手との関係が壊れたことで、罪悪感だけでなく、自己否定や悲しみ、淋しさ、恐れなどの感情のドミノ倒しが始まるからです。

そんな罪悪感も、時間が経てば、心の奥にしまって忘れられるものも多いかもしれません。

でも、それは、引きずらないということと少し違います。もしかしたら、過去に似たようなことを体験して、繰り返している可能性はあります。

なぜなら、感情は、心の奥に鍵をかけて閉じ込めても、本人に気づいてほしくて、似たことで表現させようとするからです。もちろん罪悪感も、例外ではありません。

本人は気づいていなくても、白い罪悪感と無縁ではないこともあるでしょう。

そんな罪悪感に気づいたら、相手が許してくれなかったとしても、十分に苦しんだ自分を自分で許してあげてください。第5章でお伝えしている方法をお試しください。

そして、これから書くことは、通常の心理学では言われていないことです。

罪悪感は生まれる前から存在する

罪悪感は生まれる前から存在すると聞いたら、驚くでしょうか。

私が扱っているフラワーフォトセラピーの感情診断法でみると、相談者の胎児初期から、罪悪感のある方が少なくありません。

この感情診断では、どの意識層にある感情かを把握します。たとえば、「日常生活で対応している顕在意識なのか」「潜在意識なのか」「乳幼児期・胎児期などの深層の意識」

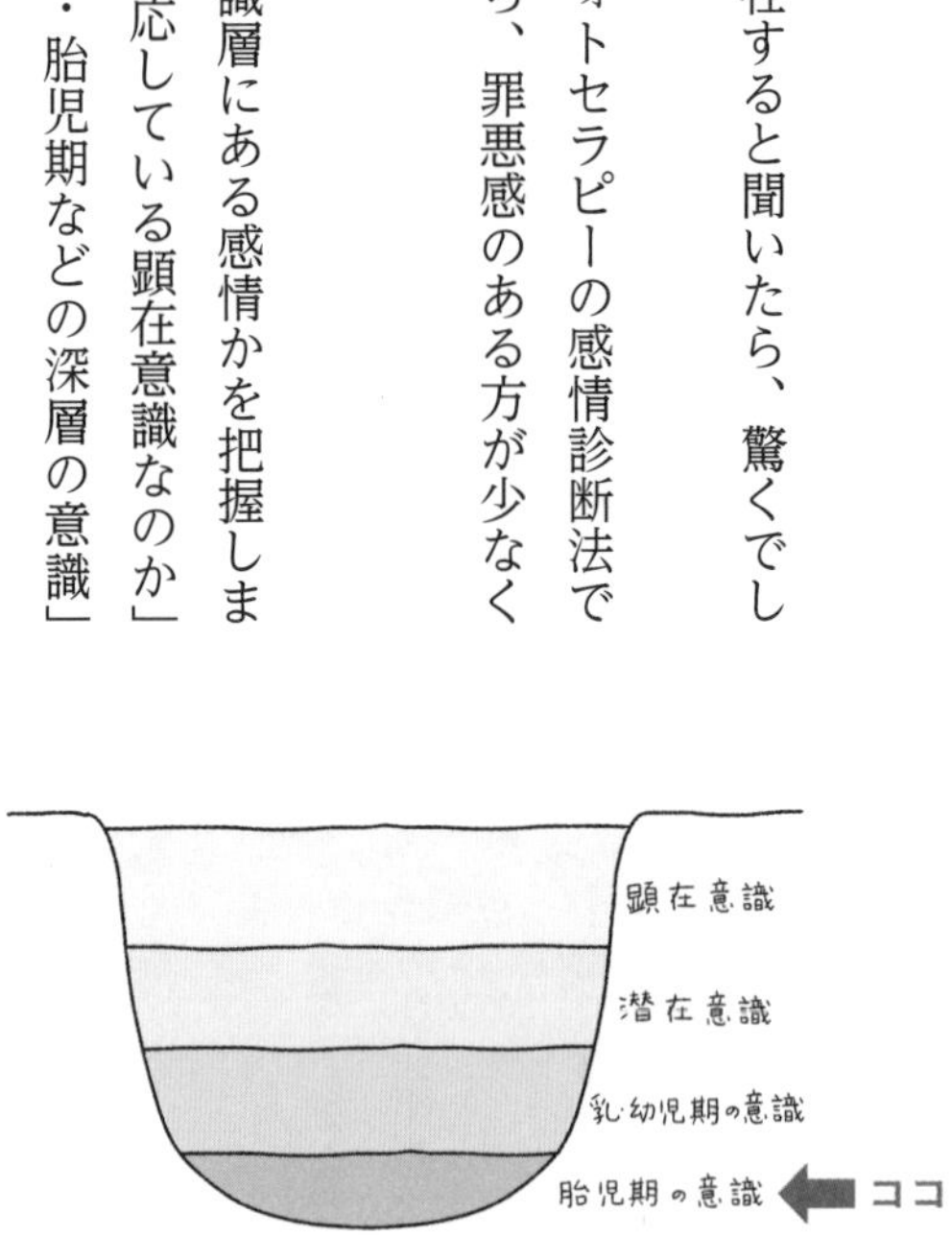

に罪悪感があるのかを、18個の負の感情と共に診断しています。感情別に、量の多さも把握しています。

このような診断を根拠にして、罪悪感をはじめとするどんな感情を解放するかを詳細に見ることで、なぜ、そんなお悩みになっているのかを見極めていきます。ここで言う解放とは、相談者のお悩みの元となっている感情を消していくような作業です。

人生のいつの時期からその感情が存在するのかもわかります。ですから、胎児期から罪悪感が存在することもわかるのです。

ちなみに、「前世」と関係あるのかとよく聞かれますが、この方法でチェックして、前世から罪悪感が始まっていたことは、少なくともこれまではありませんでした。どうやら、これまで扱った罪悪感は、前世のカルマから来たものではなさそうです。

なお、「胎児期の罪悪感は母親の感情などの影響か」と聞かれることは多いのですが、原因としてあるかもしれませんが、個々に追究することはしていません。罪悪感の解放のために、親の感情に原因を探ることは困難で意味はないからです。

「白い罪悪感」はパソコンの誤作動なようなもの

「白い罪悪感」は、多くの場合、胎児の頃からある罪悪感です。人によっては受胎時からそんな感情がある場合もありますので、それ自体、変な話です。私も最初は何かの間違いか、あってもレアケースかと思いました。

しかし、何らかの心理的な葛藤を覚えて相談に来られる方にフラワーフォトセラピーの感情診断をすると、胎児期に何もない人のほうが珍しいのです。なお、胎児期に見つかる感情には、罪悪感以外に恐怖や悲しみがある人もいます。なぜ、そんな時期に罪悪感がインプットされるのかは後述します。

ここでお伝えしたいのは、本人の責任ではない罪悪感なら、「誤作動のようなもの」

だということです。パソコンのバグのようなプログラムミスで、自分が悪い人のように思わせる罪悪感が発生。そんなバグにひっかかると、自動的に「自分を責める」などの誤作動が起こる、とイメージするとわかりやすいかもしれません。


私がこのような感情診断を始めて、まだ日が浅い頃のことです。ある20代の女性にも、胎児期に罪悪感が見つかりました。そのことを伝えると、彼女は、

「そんな昔のこと、覚えていません。でも、私が悪いわけではないのですね……？」

「まだ生まれてないのですから、あなたが悪いわけではありませんよ」と私。

「そうなんですか……。ずーっといつも自分の何が悪いのか、ずいぶん自分を責めてきました。今まで、本当につらかったんです。でも私、悪くなかったんですね……」

と見る間に目がうるうるして、涙がぽろぽろとこぼれていきました。

その後、第5章で解説する「花の写真の解放ワーク」を試みると、涙のお顔も晴れやかになってお帰りになりました。このとき、悪くない人にはちゃんと「あなたは悪くない」と伝えることが、どれだけ救いになるのかということを私は知りました。

罪悪感の種は、こうして芽を出し育っていく

ここで、元はその人が何も悪くない白い罪悪感なら、ニセモノなのに、なぜ、その人を生きづらくさせるのか、少し整理しましょう。

「罪悪感」とは、「罰を受けたい欲求」です。それは、ニセの罪悪感であっても、同じです。生まれる前の罪悪感は、種のようなものです。

生まれたときに、本人に何も非がなくても、罪悪感の種を持った赤ちゃんは、この世界でさまざまな人と関わり始めます。成長していく途上で、何らかの出来事で刺激されて、罪悪感の種は、発芽し始めます。発芽した罪悪感は、自動的に自分が悪い子のように思う体験を重ね、芽は育っていきます。そして、茎が伸び葉が育つでしょう。

同時に「自分は罰を受けなければ……」と意識せずに思っていますから、次のようなことが起こります。

たとえば、子ども時代に「そんなことやったら危ないからダメよ」と些細なことで注意されたとします。その背景には、もしかしたら、その子自身が気づいていない深層心理で「叱られる罰」を望んでいて、無自覚に叱られることをやっている可能性があるのです。結果、親の心配通り、小さなケガをしてしまう……。

そして、子どもは意識の上で「やっぱりワタシは……」と実世界で「悪い子、ダメな子」が証明されたと錯覚し、現実世界の体験によって、その証明が何度も繰り返され、新たにデータ保存されていきます。そして「自分は、ダメな子だ」という誤った認識が育っていきます。心の中の罪悪感フォルダに保管されたデータ量は、削除されない限り、蓄積していくばかりです。

胎児期から、こうして保存されたデータの蓄積によって、人生にはさまざまな影響が出てきます。当然、自分を肯定的に見られません。そんな罪悪感があると「私はダメな子フィルター」を通して現実世界を見ます。見える世界は、自分に優しくないし、肯定的には映らないでしょう。

一方で、罪悪感の種を持っていても、とても小さくて発芽しない子がいるようです。そんな子が見る世界は、全く違っているはずです。

ダメな子フィルターがない分、物事はありのままに見えるので、受け取り方が違うからです。仮に同じ親が、同じ言動をしても、受け取り方は罪悪感があるとないでは、全く異なるでしょう。

こうして、元はパソコンのバグのような「白い罪悪感」でも、心、ひいては人生に誤作動を引き起こす困った状況になっていきます。そして、こんなニセの罪悪感があることで、人生に天と地ほどの差がついてしまうのです。

「白い罪悪感」の種は胎児の頃からあるので、本人が悪いわけではありません。「白い罪悪感は、胎児期からある罪悪感である」とここで再定義しておきます。

また、罪悪感は、すでに意識や無意識に潜在する形で、刺激されると同時に、意識の表面に浮上し、自動的に何か自分に非があるように思ってしまうことは、第1章で

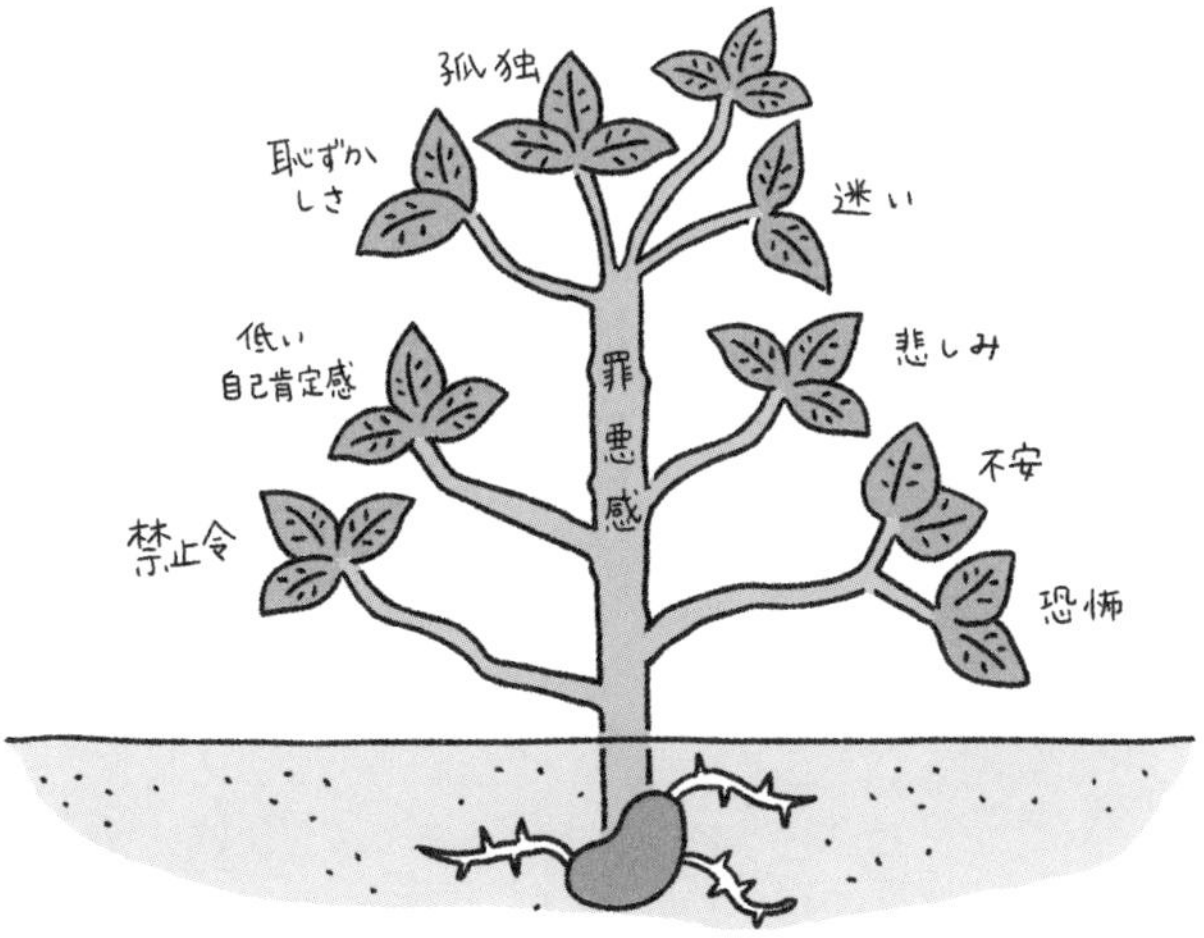

もお伝えしました。

罪悪感の種が次第に育ってしまうと、何かの拍子にドミノ倒しのように、「自分を否定」し、「禁止令」のような感情とつながります。さらに「恐れ」ともつながって前に進めず、そんなふがいない自分をまた責めて否定。さらに自信を失うなどの負の感情の連鎖が起こり、思考も出口を見失い、脳内でぐるぐる回るばかり。次第に負のループにはまり、セルフイメージはスパイラルダウン。「考えすぎだよ」と言われても、感情が「待った！」をかけてくれません。

こんな感情の連鎖を抱えて生きることのつらさは、きっとこの本を読んでいる方なら共感していただけるのではないでしょうか。

自己肯定感、それでも上げたいですか？

昨今、「自己肯定感」という言葉は、すっかり浸透しました。そして、自己肯定感は高いほうが良い……と、捉える人がほとんどです。

罪悪感が自己肯定感を下げ、自己否定につながることはお伝えしました。自己肯定感が低いことを気にして自己肯定感を上げようとしている人は、自分を受け容れたり認めたりすることが難しいはずです。それは、「自信がない」からです。

ナチュラル系自信家さんの存在

私が次の事実を伝えた人は全員、瞬間、「え？」と言って、しばし言葉を失いました。

実は、自己肯定感が高い人は、自己肯定感を上げるという発想がそもそも「ない」のです。なぜなら、その状態が「デフォルト」「ナチュラル」だからです。

以前、ある方に私がどんな仕事をしているのか尋ねられたとき、わかりやすいように自己肯定感をシンプルに「自信」と言い換えて、
「やりたいことがあっても、なかなか前に進めないとか、どんなふうに生きたらよいのかわからなくて悩んでいる方のご相談でカウンセリングすることが多いですよ。ほら、今は自信がない人って多いでしょう?」
と答えました。

相手が「そうですよね～」と言ってくれるだろうと思ったのですが……。

彼女の顔は、怪訝というより、ぽかんとした顔に変わり、
「あの……、自信のない人って、そんなにいるんですか?」
と聞かれました。まるで「会ったことないけど、どんな人?」という感じです。

軽くめまいがしました。「あぁ、普通に自信がある人は、こんな感覚なんだ。だから、自信がない人のことがわからないんだ……」と初めて気づいたからです。私から見れ

ば、もう別人種です。わからなければ、想像できないのは無理もありません。

その方は、20代で美容系のサロンを開き、順調に運営されていて、プライベートでも素敵なご主人とお子さんとの仲の良い家族写真が、時々ＳＮＳに上がっています。

その方なりに、人生のご苦労はいろいろあったようです。それでも、やりたい、と思ったらわりとすぐにできちゃうことが、もう「別次元」なのです。

そんな「ナチュラル系自信家」さんの中には、「こうすると良いよ」と言われると、その場で、秒でそれをしてしまう人もいます。もしかしたら、行動力についても、あるとかないとか思ったことがないのかもしれません。意識して観察していると、そういう人って、いるんですよね。


自己肯定感が低く自信が十分にない人は、「何かをやる」ことに、３段しかない跳び箱でも10段を頑張って跳ぶようなエネルギーを必要とします。私自身、かつてそんな体験をしたこともありました。

相談者の数と同じくらい、自己肯定感に関する悩み相談を受けてきた私は、「自信がないことがわからない」という未知の世界にようやく触れたことに気づきました。

人は皆、多かれ少なかれ、人生の葛藤を超えながら生きるもの、と思っていたのですが、どうやらそんな葛藤も、濃い薄いグラデーションが、かなりありそうです。「願えばかなう」人は、自信を意識していない「ナチュラル系自信家」かもしれません。

ナチュラル系自信家さんの特徴はどういったところでしょうか。

ひと言で言えば、「摩擦レス」な印象です。心の葛藤や人と人との摩擦を感じません。一般的な自信満々の「自信家」とはずいぶん印象が違います。上から見るような威圧感もありません。

まず、自分を肯定するとか否定するという発想はなさそうです。自信があるのが普通なので、自信があると意識していません。だから、行動の際、できるかどうかを考えずに行動します。自信がなければ迷うようなことでも、罪悪感のようなブロックがないからです。ただ、自信がない人、メンタル弱者への理解は、薄いと思われます。

世の中は、「行動しないと始まらない！」の掛け声だらけです。一歩踏み出すにも、「摩擦レス」タイプの人が言う「成功法則」を実践しようとトライしてもできず、新たに「できない敗北感」を味わい、「自己肯定感」が前より下がる人もいました。実際、そういう人は相当多いと思われます。

さらに自分を否定する無限ループにハマらないために

さて、自己肯定感が低いということは、「自己否定感」のために、ありのままの自分を受け容れにくい状態です。そのために、自己肯定感を上げようとすると、かえって自分の否定的なところを意識してしまいます。

さらに「ありのままの自分を愛することが大切」と言われて、「自分を愛そう」と努力する人がいます。「自分が嫌いだ、愛せない」と思っている現状から変わりたいからです。

しかし、その結果、自分を愛せないことを強く意識するパラドックスにはまる人が多いのです。こんなパラドックス状態で頑張ると、さらに自分を否定し、愛せない無限ループに陥りかねません。こうなると、地獄です。

自己肯定感を上げようとか、自分を肯定しようとか否定しようとかを意識せずに済む状態を目指しましょう。

それには、理由になっている感情の解放をすることです。「自己否定感」がある人は感情診断をすると、おそらく「自己否定感」と共に、「罪悪感」「愛の禁止令」などの感情も見つかる可能性が高いでしょう。それなら、まとめて解放することがベストです。消しゴムで消すように、そんな感情を消してしまう方法が、後ほどお伝えする花の写真を使った解放ワークです。

この感情診断と花の写真で自分を愛せない気持ちを手放す体験をした方が、

「かつては、『自分を愛すること』を握りしめていたけれど、いつの間にか手放せたみたいです。おかげで、自分を愛そうとか肯定しようとか、そんなこと、いつの間にか忘れていました」

と笑顔で話してくれました。

行動せずにコンフォートゾーンに留まったほうがよい人がいます

あなたは、行動できない自分を責めたことはありませんか？

実は、これも罪悪感が関係しています。

自分がやりたいことをしたい、自分を成長させたいと思うなら、新しい一歩を踏み出す必要があります。つまり、行動はマストです。

「コンフォートゾーン」というのは、安心できる慣れ親しんだ環境のことです。

一方で、新しい一歩を踏み出すには、このコンフォートゾーンから抜け出して、自分の成長のために新たな刺激を受けられて学びのある環境に身を置く必要があります。

しかし、「罪悪感」があると、「禁止令」につながり、知らないうちに行動が妨げられることは少なくありません。自分が成長し、可能性を広げることは、イコール、自身の幸せの追求です。この場合、行動は、「幸せの禁止令違反」になるからです。

第3章でお伝えした禁止令の怖さは、ブレーキがかかっているのにアクセルを踏んで、幸せの禁止令違反で「不幸なこと」が起こることでした。ですから、禁止令がある人は、コンフォートゾーンに留まるのが正解です。

しかし実際には、アクセルを踏んで何か問題が起こったという悩みより、行動できないことで、人生を変えられないと悩む人のほうが、圧倒的に多いのです。

当然、悩んでいるご本人は、禁止令がブレーキをかけているとは、思いもしません。行動できず、現状維持のままで変われない自分を責める人もいました。

会社員の畠山さん（仮名）のご相談に乗った頃、彼は自己啓発系のセミナーを片っ端から受け、セミナージプシー状態でした。セミナーは高額だったので、お財布状況もかなり厳しいと訴えていました。

彼が、なぜセミナーを受けていたかと言うと、ビジネスを展開する上で、いつも行動力のなさが足かせになっていると感じたからです。

それで行動力を上げるためのセミナーに行っては結果を出せず、また行動力のない自分を責め、さらに行動力を上げることを目的に、別のセミナーを受けることを繰り返しました。そこまでやっても、一向に行動力が上がりません。そしてそんな自分のふがいなさを責め、奥様からも経済面で「いい加減にしてよ！」と責められていました。

私が感情診断をすると、行動できない理由は、すぐにわかりました。

彼には顕在意識、潜在意識、そして胎児初期から「罪悪感」がありました。「白い罪悪感」です。さらに、「幸せ禁止令」が、顕在意識にも潜在意識にも見つかりました。

これでは、「行動しろ」というほうが無理です。行動に強烈なブレーキがかかっているからです。

彼の場合、行動は即、幸せに向かうことを意味します。禁止令がある以上、下手に行動すると、禁止令違反で、どんなしっぺ返しがあるかわかりません。もちろん、絶対に勇気や努力の「気合」で、アクセルを踏んではいけません。現状維持です。

さらに彼には、「努力して達成したものでなければ価値がない」という思い込みがありました。第2章で書いた「世間の倫理観による自虐タイプ」でもあったのです。

そこで、いちばん基本的な顕在意識にある「幸せ禁止令」の解放を、目を閉じて花の写真のイメージをする方法で行いました。オンライン上で、診断と解放で1時間程度です。終了後、目を開けた畠山さんは、「なんだか心が軽いですね」と言いました。

数日経って、その軽さの意味がわかったようです。畠山さんから来たメールに、「なぜか、行動するのがとても楽になりました。今までのセミナーに費やしたお金と時間は、いったい何だったんでしょう。努力して達成しなくてもいいんですね……」

と書いてありました。

一般に、「コンフォートゾーン」から出られない理由として、未知の領域へのチャレンジで失敗したときの不安や恐れ、恥ずかしさなどの予感によって行動が妨げられることがあるとも言われています。

女性の場合、チャンスだと思っても、行動できない場合によく聞くのは、「直感的に、今はタイミングではないから」

という言葉です。これも「本当は恐れが強いのでは？」と思われがちです。

今の場所から動けないのは、そんな理由とは限りません。

先ほどの「ナチュラル系自信家」さんなら、するするとコンフォートゾーンから出られるでしょう。チャンスだと感じれば、その場の行動にも、摩擦レスだからです。

でも、罪悪感や幸せの禁止令がある人にとって、今の状態を変えることは容易ではありません。チャンスであるほど、強烈なブレーキになるからです。行動できない人を単純に「恐れや不安を克服できない人」だと見なしては、対応を誤りかねません。

ですから、間違っても「あの人にできて自分にはできないなんて……」と自分を否定しないでくださいね。

とはいえ、あなたも自分が成長できるチャンスが来たのに、コンフォートゾーンから出られず、チャンスを失うのは悔しいですよね。まずは感情診断をすることをおすすめします。

そして禁止令や罪悪感があるならば、まずはそれを手放しましょう。深層まで手放した後でチャレンジするなら、大きな問題は起こらないでしょう。順序通りなら、楽に行動できて、危険はなくなります。

例に挙げた畠山さんが、禁止令を解放したとたんに行動できるようになったのは、ブレーキをなくしたからです。本来、ブレーキはないのが当たり前。このケースでは、最も基本的な対応で、一回の解放でも行動力を上げる結果は出ました。しかし、彼の場合、潜在意識はもちろん、胎児期まで罪悪感があったので、意識層の深くまですべて、罪悪感の解放をしました。そうしないと、何かの折に、また足を引っ張られかねません。禁止令は罪悪感の一つのバリエーションなのです。

畠山さんは、行動力が増し、人脈も広がり、ビジネスも伸びていったそうです。

感情のブレーキがなく行動できると、人生の可能性は広がるのです。

「やりたいこと」を
やってはいけない気がするのは、なぜ？

「やりたくない仕事を続けるからストレスが溜まってしまう。このままではメンタルもやられるから、本当に好きなこと、やりたいことで仕事するほうが良い」というのが常識です。あなたもきっと、そう思うのでは？

しかしある人は「本当にやりたいことはボランティアでやりたい。お金を稼ぐのは、あまりやりたくない仕事でないと無理」と言います。それが「自分にはふさわしい」し、お金をいただいて好きなことをするなんて、「申し訳なくてできない」と語ります。

これは、単純なお金のブロックではありません。罪悪感は、自分に罰を与えたい欲求であることを思い出してください。

この方の場合、感情の診断をすると、胎児期からの罪悪感がそうさせていているのがわかりました。ご本人は悪くない「白い罪悪感」です。

こんなケースでは、「お金は苦労して稼ぐもの」という親の口癖で自虐的な思い込みが刷り込まれ、自分への罰とセットにして苦労する傾向を後押しすることも多いです。

また、好きな仕事だから、仕事に行けなくなった人がいました。その仕事はアルバイトでしたが、やりたかったことなので、とてもうれしかったそうです。しかし、出勤時刻を過ぎても仕事場に到着できません。なぜかというと、通勤中に電車の中で気持ちが悪くなり、降りて体調が落ち着いたら再度電車に乗るのですが、また具合が悪くなることを繰り返すからです。30分の通勤時間が、2～3時間となり、遅刻が続いて辞めざるを得なくなってしまいました。

この方は、「好きな仕事」ではなく、家計の足しにするための飲食店のパートのような仕事なら、普通に出勤して勤務できるのです。

職場に行くストレスで、電車に乗るとおなかがごろごろ、何度も電車を降りてトイレに駆け込む……というケースはよくありますが、それとは真逆です。

この傾向は、「自分がやりたいことをしたい」「やりたいことをしたいけれど、できない」、さらに「やりたいことが、そもそもわからない」という方たちにも多くいます。本当にやりたいことがわからない「人生迷子」のような方も、よく相談にいらっしゃいますが、感情診断をすると皆さん、ほぼ罪悪感が胎児期からあります。また、幸せの禁止令も見つかる方が多いのです。

これは何を意味するのでしょう。「やりたいこと」をして幸せになっては、「罰を受けたこと」になりません。だから、やりたいことに触れない、気づかないように「できない」「わからない」状態になっている可能性が高いのです。

心当たりがあれば、白い罪悪感がないか、感情診断して、もしも罪悪感があったとしても、解放されたら好きな仕事で活躍し、本人の仕事ぶりに見合った収入をいただくことにOKできるはずです。

それを実現することにも、抵抗なく進めます。あなたの人生です。大切にして、やりたいことを見つけて実現してください。人生迷子も罪悪感を解放すれば、抑えていた気持ちや本当にやりたいことに気づき、自分らしく生きられます。

実力を発揮できないのは、運が悪いから？

次の例はスポーツの場合です。

ある方の中学生の息子さんは、サッカーの大会前に体調を崩し、試合に出られないことが続いたといいます。そこで、息子さんの感情診断をしたら、「幸せ禁止令」と「健康禁止令」が、「罪悪感」と共にありました。これらの感情に対応したら、試合前に体調を崩すこともなくなってきました。これを不運というだけで片付けるには気の毒です。

大きな試合前にケガをしないことはもちろんですが、大きな大会で念願の優勝をしたら、そのすぐ後に、大ケガをするなどの落とし穴にはまる人もいます。

受験のことは第3章に書きましたが、実力があるのに結果が出ない無念は避けたいものです。

生きづらい自分を作った原因探しをやめる

通常、今ある「結果」は「原因」があるからだ、と考えます。そのため、セラピーの相談者も、「今の生きづらい自分を何が作ったのか」と原因を考えがちです。

最も多いのは「親」。親が原因で、今の自分が作られた、という図式です。まるで犯人探しをするかのように原因を探し、親の愛し方にそれを見出します。この図式では、親が加害者になるので、子である自分は被害者になってしまいます。その弊害は、インナーチャイルドの項でお伝えします。

また、「毒親」「親ガチャ」の言葉を簡単に使う傾向が増えましたが、親に恵まれなかったから、自分は今、つらいのだ、というのは、他責的な発想です。

さらに、スピリチュアルな視点で、原因を過去生や魂の傷に求める人もいます。私も大学生の頃、自分の生きづらい原因を探すべく、恥ずかしながら、当時、流行り始めた血液型占いにその答えを求めたことがありますので、わからなくはありません。

原因と結果を考えるというのは、自分の外に原因を見出そうとしていることです。自分の生きづらさの原因を「自分以外にある前提」で探そうとすると、このように他責的になりがちです。

それは、ひとりで自分に向き合うにはつらすぎるし、外側、とりわけスピリチュアルな世界に原因を求めれば、「○○のせいだから」と現実から逃げることもできます。

私自身は、過去生があっても良いと思うし、スピリチュアルもかなり学びましたので、否定はしません。

そんなスピ志向の方々は、年齢を問わずいらっしゃいますが、本当の動機は生きづらさの解消なのに、現実逃避で、見るべき本質がずれているのは、否めません。さらに、本質に対応していないので、つらさは減りません。そしてそのつらさに、自分の外ではなく内側にある白い罪悪感が関係していることは、もちろんご存じないです。

では、どうすれば、つらい状況が良くなるのでしょうか。

今の状況を「結果」と捉えなければ、「原因」を探すことをやめられます。

そして、この状況は、自分と「相手」「対象（取り組むこと、もの）」との関係性で起こっていることに気づくと良さそうです。

どういうことか、次にお伝えしましょうね。


罪悪感がある人とない人では、物事の受け取り方が違います。

ある一人の母親に、この受け取り方が異なる、年齢にあまり差がない二人の子どもがいたとします。彼らが同時に道に飛び出そうとしたので、母親は、「危ないでしょ！」と叱りました。罪悪感のある子は、「自分が悪い子だから、危ないことをして叱られた」と思うでしょう。しかし、罪悪感がない子は「お母さんが危ないと教えてくれて助かった。次は気をつけなきゃ」と思って、学びにするでしょう。

もちろん、後者が、親の本当の気持ちですよね。

同じ親の言葉でも、子どもによって、受け取り方は違うわけです。

責めグセを改善する小さな習慣

そこで、自分を責めるつらさから抜け出すのに、簡単にできる方法をお伝えしますね。

まず、

「私は、つい、自分が悪いと受け取ってしまう『傾向』がある」

と、責めることを「傾向」として認識してみることです。

やってみる価値はありますよ。これは、あなたに罪悪感があるかどうかわからなくてもできます。

そして、あなたが、つい自分を責めたり、悪いと感じたりするたびに、心の中で、「あ、今、自分が悪いと感じた。でも、実際は悪くないのかも」とつぶやくことです。

この方法は、次の章で詳しくお伝えしますが、自分を責める状況を客観的に見直すことに役立ちます。これを習慣として心がけるだけで、罪悪感と自分の間に少しずつ距離ができます。

この目的は、関わった相手との関係を客観的に見直すことです。自分は悪くないし、関わった相手が、必ずしも自分を責めていないことに気づければ、ちょっと前進です。反射的に自分が悪いと感じることも、いつの間にか減っていくでしょう。

罪悪感に限らず、抑え込まれた感情は、その存在を本人に気づいてほしくて悪さします。気づくことは、暗い心の奥に光を当てることになります。それだけで、抑え込まれた感情は滞っていても、気づいてもらえたことで、外に出る機会を得ます。

ここで、「自分が悪いように感じた」と気づくことは、そんな感情に光を当てたことになります。それだけでも、感情が外に出ていく解放は、自然に始まります。

「インナーチャイルド」以前に知っておきたいこと

インナーチャイルドを癒すということが、相談の問題解決の要のように言う人はセラピーする側、される側共に今現在もとても多いです。私も、セラピーの勉強を始めた20数年前に、やはり「インナーチャイルド」について学びました。

１９９３年にインナーチャイルドの本が出版されて一気にその概念が広がったようです。私が学んだのは、この本が出て、それほど経っていない頃です。加えてアダルトチルドレン（元は親がアルコール依存症などの機能不全家庭に育った子ども）という言葉も、生きづらさが親との関係に起因する人という意味で広まりました。

インナーチャイルドは、「内なる子ども」と言われ、大人になっても、子ども時代に抑圧された意識が反応し、自分らしさを抑え込んだり、すぐに謝る傾向があったりという生きづらさを抱えるケースが多いようです。

私が臨床心理学を学び始めた当時、自分にも思い当たることが多く、「私もインナーチャイルドを癒さなくては！」と思って、自分でも取り組みました。また、かつて講師をしていたカラーセラピーでも、半ば常識として教えていました。

でもね、それでは癒されなかったんです。自分も相談者さんの多くも……。

私はインナーチャイルドを癒すことをいったん忘れてもよいと思っています。それには、二つの理由があります。

一つ目は、インナーチャイルドより前の胎児期、実は受胎時の頃まで罪悪感がある人は、先にそこまで癒したほうが、早く解決できるケースを知っているからです。

相談者の課題の根本的な理由が、おそらくインナーチャイルドが形成されるより、もっと前にあるとしたら……。このことは、122ページの「罪悪感の種は、こうして芽を出し育っていく」のをお読みになると、ご理解いただけそうです。

「白い罪悪感」の影響を受けていると、「自分は悪い子」のように感じてすぐに謝ったり、大人の顔色をうかがって自分を抑えたりするなどの傾向があります。それは、**インナーチャイルドが癒されていないと言われる人たちの傾向に、よく似ています。**

実際、罪悪感の解放を行って、潜在意識や、胎児の頃の深層まで解放すると、特にインナーチャイルドを癒さなくても、状況はずいぶん良くなっていきます。こう考えるとインナーチャイルド形成期は、罪悪感の種が育つプロセスなのかもしれません。

インナーチャイルドの形成期は、10歳くらいまでの幼少期なので、就学年齢を超える子どもも含みます。ということは、誕生してからそれなりの時間が経っています。もちろん、インナーチャイルドを癒すことが、その人にとって、そのときに何らかの癒しになっているのなら、そのことを否定しているのではありません。

二つ目は、インナーチャイルドとしばしば一緒に語られる、「親」がどんな人だったかという問題です。最近では、簡単に「毒親」と言う言葉が使われますよね。虐待でなくても親の言動が子どもに傷を与えることは、百も承知していますが（実際、「それはキツかったね……」という例はかなりあります)、安易に親は加害者、子は犠牲者という構図にしてしまうことには配慮が必要だと感じます。

親の犠牲者として位置づけられたご本人は、それで救われるのでしょうか。

親がどんなに支配的か、または過干渉か、あるいはテストで95点とっても100点じゃないと認めてくれないとか、父に対する母の愚痴のはけ口にされるとか、他にもさまざまな相談を受けました。もちろんそれが本人にとって、生きづらさを作る体験であることは、痛いほどわかります。私自身も、かなり親との葛藤を体験しました。

でも、今挙げたことのどれも、心の声を翻訳すると、

「私のことをなぜわかってくれないの。なぜ、私という存在をありのままに認めてくれないの……」

と言っているのです。

そして「わかってくれる、認めてくれる」は、「愛してくれる」と同じ意味です。つまり、これらの相談者はみな、「親はなぜ私を愛してくれないの」と言っています。

ここでセラピストが、相談者を「あなたは親の犠牲者」と見なせば、「あなたの親は、あなたを愛してくれなかったんだね」と受け取られる危険をはらんでいます。

それでは、その人は本当の意味で救われません。親の愛がわかりづらかったとしても、親の愛に少しでも気づけるほうが、「救い」になるはずだからです。

理想と違っても親の愛に気づけるなら、意識の上だけでも関係が修復されます。こうして、ほとんどの親子関係が１８０度変わっていきました。

一方で、心の避難場所として「親」のせいにしたくなる気持ちはわかります。

許しがたい親もいるでしょう。そのことは否定しませんが、親の被害者になったら自分が救われるのか、一度見直してみる価値はあるのではないでしょうか。どうしても親との関係を続けるのが困難なら、親を捨てる自由はあるのですから。

胎児初期からある罪悪感について

ここまでも、「白い罪悪感」を通して、たびたび胎児期、胎児初期、そして受胎時まで罪悪感があることをお伝えしてきました。

胎児の初期から罪悪感などの感情があるなんて、本書をお読みの皆さんのほぼ全員が疑問に思うのも無理はありません。

セラピーの場でも「どういうことですか?」と問われることも多いです。また、自分から「その頃、母親が家族でいろいろあって、ストレスを抱えていて……」とか「自分を産むのを迷っていたそうで……」と語り始める方もいて、自分の場合は何が原因なのかを探そうとする人もいます。

しかし、本当の原因は何なのか、個々に見つけるのは、困難です。

また、「生きづらい自分を作った原因探しをやめる」（１４２ページ）でお伝えしたように、胎児初期から罪悪感があったとしても、個別の原因探しには意味がありません。

罪悪感が胎児期、受胎時に見つかる根拠は、第5章にご紹介している方法（実際のセラピーではより精緻に診断する方法）で、確認しているからです。この本の中で何度も、「胎児期に罪悪感が見つかり」と書いているのは、この感情診断を前提にしています。

ですから、診断が先にありきで、良いたとえではありませんが、病気が見つかっても、診断書には、原因欄に「不明」と書かれることに似ています。

もちろん、親の感情が今の本人の感情に全く関係ないとは言えません。

妊娠までの性的な行為に罪悪感に近い感情があり、抵抗感があるという話はよく聞きます。授かり婚が珍しくない昨今でも、「結婚前の妊娠」に罪悪感が生じる方はいらっしゃいます。また、仕事をもっと続けたい、自分が飛躍できるチャンスがようやく巡ってきたのに、「なぜこのタイミングで妊娠したのだろう」と自分を責めた人は、かなり多いはずです。

仮に親にそんな葛藤があったとしても、その何が問題なのでしょうか。今現実の自分という存在が、愛されない存在だということには、全くなりません。

大切なのは、「あなたという存在が誕生し、今ここに生きている素晴らしさ」です。

また、多くの母親は、育児がちゃんとできているのか、よその子に比べてうちの子の成長は遅れていないかと心配し、うまくいかないことがあれば、自分の何が悪かったのかと、子どもに対して罪悪感を覚えやすい傾向があります。いたずらに母親に原因を求めては、母親が自分を責める機会を増やすだけなので、避けるべきでしょう。

でも、そんなこと以上に、次のように、いくつか考えられることがあります。

出生時のトラウマ、乳幼児期の病気・ケガで罪悪感が生まれる心理構造

出生時も乳幼児期も胎児のことではありません。しかし、参考になることがあります。人が誕生するという人生の始まりに、難産などで痛みや苦痛を覚えたことが、トラウマ（バーストラウマ）になるというのは、精神分析家のオットー・ランク以来、割によく知られていることです。そんな場合は、本来、喜びであるはずの誕生が、全く違った状況で始まります。

また、乳幼児期の恐怖体験は、記憶になくても赤ちゃんには強烈なストレスです。お子さんにもよりますが、ちょっとした事故や叱責などの怖い体験を罰と受け取り、自分は罰を受けるような「悪い子」だと認識し、罪悪感を抱えることがあるようです。

本人は悪くない苦痛によって罰を受けた感覚が、罪悪感に変わるのは、簡単です。なぜなら、罪悪感は、自分を罰したいという欲求だからです。

「自分は罰を受けている」↓「だって、自分は悪い子だから」という誤った認識によって、罪悪感に簡単につながってしまいます（ここで言う「罰」とは、出生時の痛みはもちろん、胎児期に「怖い思い」をした場合も含みます）。

バーストラウマとして、誕生時にへその緒が赤ちゃんの首に巻きついていることがあります。実は、難産で生まれたという方に、へその緒が首に巻きついていたという方は多いのですが、私が気づいたのは、かなりの確率で胎児期、むしろ受胎時に罪悪感がある方が、圧倒的に多かったことです。誕生前に罪悪感があることで、出生時にトラウマを与える状況が作られていた可能性を感じます。

実際、私がお会いした相談者の8割以上は、感情診断をすると、胎児期や受胎時に、「罪悪感」と同時に「恐怖」が見つかります。

「原始反射」は、胎児の頃から幼児期に見られる生存と成長のために必要な自動的な反射反応です。その中には、恐怖を感じても母体から逃げられないため、体を丸めて身を守ろうとする「恐怖麻痺反射」があります。それは、恐怖の感覚が、胎児にとって逃げ場のない、とてつもないストレスだと教えてくれます。

まだ、なぜ恐怖がやってくるのかよくわからない胎児が、それを罰だと受け取って、罪悪感につながってもおかしくありません。

生後3か月から1歳半頃の乳幼児に起こっていることは？

参考までにフロイトに強く影響された女性精神分析家、**メラニー・クライン**の説をご紹介します。

彼女は、フロイトも手を付けていない乳幼児の精神分析を行いました。その結果、生後3か月頃の「妄想・分裂態勢」とその後、1歳半頃の「抑うつ態勢」について論じるようになりました。

わかりやすく書きます。生後3か月頃は、赤ちゃんの意識が、おなかがすいたときに与えてもらえるおっぱいと、自分が欲しくないときに無理やり与えられるおっぱいを、同じお母さんが与えていると理解していません。その感覚は、良い乳房、悪い乳房です。

悪い乳房のときは、赤ちゃんにしてみれば、自分が攻撃されている恐怖を覚え、乳首をかむなどの反撃をしてきます。これは相手を壊そうとするからだと言われています。

これが、「妄想・分裂態勢」です。
それが1歳半くらいになってようやく二つの乳房が同じお母さんのものだと気づくと、その子は、「大好きで大切なお母さんに攻撃を加えるなんて、なんて自分は悪い子なんだ……」と落ち込み、罪悪感にさいなまれ、悲しむのです。これを「抑うつ態勢」と言います。この「罪悪感」も、後々まで続きます。

実際に、攻撃を受けたお母さんも、「私は、この子に嫌われているのかしら……」とショックを受けて落ち込み、母親も、罪悪感を持つことになりがちです。
大切な点は、母親も周りの人も悪いわけではないことです。かなり授乳のタイミングに気を遣っても、これは起こりえることですから。

赤ちゃんが生まれたときから罪悪感を抱えているなんて、ちょっとショッキングな話かもしれません。しかし、誕生時や赤ちゃんの心の中に、すでに恐怖や罪悪感が生じていることは、この章で、何度もお伝えした通りです。生まれたての赤ちゃんの心は、無垢で真っ白というのは、私たちの思い込みなのかもしれません。もちろん真っ白でなくても、赤ちゃんが悪いという意味ではありません。

しかし、そんな頃から、精神的な葛藤のドラマが起こっていることを、少なくとも知っておく必要はあるのではないでしょうか。

では、胎児だけでなく、「なぜ受胎時にも？」という疑問について、考えましょう。

なぜ受胎時に「罪悪感」があるのか？

生きていく上で、十分な自信がないと感じ、生きづらさを感じている人の多くに、受胎時にも罪悪感が認められます。私が担当する相談者には、大変な方も多いのですが、大変さに連動してなのか、受胎時の感情が見つかる方は多いのです。

「受胎時」にというのは、胎児以上に不可解です。

受胎時に罪悪感を持ってしまうという一つの可能性として、まず、感情は一種のエネルギーであることを前提に考えてみます。

たとえば、激怒している人が、窓ガラスをびりびり震わせるくらい怒鳴っていたら、そのエネルギーのすさまじさは、理解できるでしょうか。エネルギーである以上、波動（バイブレーション）があると考えられます。

色もエネルギーとして捉えられますが、赤はゆっくりとした大波で温める働きがあり、青の波動は速くて細かい波で、鎮静作用があります。

音もエネルギーですが、低音と高音の波動の違いは理解しやすい例だと思います。同様に、どんな感情にも波動はあります。無意識に雑音を聞くのと同じで、気づかないだけで、感情の波動がいたるところにあるかもしれません。

何もない場で、ちょっとぞくっとした恐怖を感じたことに、心当たりのある人は多いのでは？　きっとそこには、恐怖につながるエネルギーがあるのでしょう。そこで、感情もそれぞれの波形という情報を持つエネルギーだと捉えてみましょう。

ここでは「罪悪感」という波動のある場で、受胎時に感情の伝播が起こる可能性について考えてみます。

私たちにはよほど敏感な人でも、「この場に罪悪感という波動がある」とわかる人はまずいません。だから、罪悪感の波動がある場がどんな場かも、わかりません。近くに罪悪感を持っている人がいても、それだけで罪悪感の波動があるとも言えません。

しかし、わからなくても、罪悪感に限らずさまざまな感情の波動は、いたるところに存在します。たまたま罪悪感のある場所で受胎したとしても、不思議ではありません。

それは、たまたまですから、事故のようなもの。先に書いたように、プログラムにバグの材料を組み込んでしまっただけのことです。そのバグとは、精神分析医のフロイトが言った「タナトス」（自分自身を破壊しようとする衝動）が過剰になって、心が自分に罰を与える誤作動を起こしてしまうことです。

本来、人はよりよく生きたいという欲求（エロス）が主です。死の状態に戻りたいというタナトスは、ある程度は必要ですが、過剰だとより良く生きることを妨げます。そのままでは厄介なバグですが、その存在に気づければ解消は可能です。

数は少ないのですが、人工授精で受胎したお子さんの感情診断をしたことがありますが、受胎時の感情は、あまり問題ありませんでした。もし、ご自身のお子さんが、人工授精で授かった場合でも、いたずらに心配される必要はないと思われます。

一方で、感情の伝播にしても、そもそもそんな感情は、なぜ存在するのか、なぜ受胎時なのか、難しいことですが探ってみましょう。

一つの可能性として、最近、話題になっている「反出生主義」という「生まれてこないほうがよかった」という誕生を否定する思想について触れてみます。

それは、「人間は生まれないほうがよいので、産まないほうがよい」という出産の否定につながります。これは、二十一世紀になってから、南アフリカの哲学者、デイヴィッド・ベネターが提唱する、**反出生主義**（アンチ・ナタリズム）という思想です。

その考えを受ければ、「生まれないほうが良いのに生まれてしまった」→「罪悪感」、または、生きることが大変なのに生まれるという「罰を受けるために生まれた」＝「罪悪感」になるとも考えられそうです。

さらに人口の増加は、地球環境に影響を及ぼす問題として取り上げる人もいます。そうなると人類は存在すること、生まれることが罪悪だという考えにもなっていきます。

私が関わった相談者の方々は、当たり前ですが、ほとんど二十世紀生まれの方です。では、二十一世紀のこの思想は、二十世紀生まれの人には該当しないのでしょうか。

実は、生まれないほうがよいという考えは、古代ギリシャからありました。
今でこそ一部を除き、戦争や飢餓から、ほぼ自由になったとはいえ、考えてみれば、この世界は紀元前から戦争や飢え、病気その他で、命は常に脅かされ、今よりずっと早く、その人生を終えるのが当たり前でした。

受胎時に見られる感情には、「罪悪感」と一緒に、「恐怖」が見つかります。また、これら二つの感情より少ないものの、「悲しみ」の感情が見つかります。これらの感情が今の時代に生まれてくる子供に影響を与えるとしたら、長い人類の歴史は、生きていくこと自体、現代よりずっと死の影が濃かったからかもしれません。

そうだとすれば、見えないとはいえ、この世界に、罪悪感や恐れ、悲しみの感情が長い時間を経て今もなお、いたるところに蓄積されていても不思議ではありません。
先ほどもお伝えしたように、感情は波動です。受胎時に限らず、細胞が古代からの「生まれないほうがよい」という情報の影響を受けて、そのまま意識に入っていく可能性も、絶対ないとは言えないと思うのは、私だけでしょうか。

とはいえ、これらは可能性を推察したものにすぎません。受胎時の感情がどうして入ったのかは、おそらく人によって異なり、結局のところ、原因は断定できません。

一方で、仮に罪悪感の理由がわかったとしても、罪悪感を避けた場を選んで、受胎を求めるなんて、そんな難しいことはできません。

もしも罪悪感が受胎時にあっても、そこに気づければ、対応すればよいのです。

罪悪感の解放自体、手順を踏めば、難しいことではありません。

最も大切なことは、罪悪感があっても、「人生を意味あるもの」と捉え、「生まれてきてよかった」と思える生き方を「あなたは選択できる」ということです。

第5章では、その対応方法について「罪悪感に消えてもらう」ことを意識してお伝えしていきます。

第5章

罪悪感の消しゴムがあれば、人生が180度変わる

——感情を解放するちょっとした方法

罪悪感を手放すために、今日からできること

罪悪感の心理がどんな形で現れて、どのように自分の人生に影響していくのかを見てきました。では、どうやってこの罪悪感と付き合い、そして解放できるのかについてお伝えしましょう。

第４章でも書きましたが、罪悪感の種は、胎児の頃から心の深いところで少しずつ育っていきます。この世で日々起きる出来事を栄養にして育っていくので、思い立った今、できることから取り組んでみましょう。

❶自分の傾向を知る

まず、「自分は、つい、自分が悪いと受け取ってしまう『傾向』がある」と、認識

することです。第2章と第3章のチェックで「罪悪感」に心当たりがあるなら、まずそこから始めましょう。

❷「本当に悪いのかな？」と見直す

人と話したり仕事をする中で、つい自分を責めたり、悪いと感じたりしたのなら、「あ、今、自分が悪いように感じたな。なんで悪いと思ったのかな？」「本当に悪いのかな？」「実際は悪くないんじゃないのかな」

といったん立ち止まり、状況を客観的に見直すことを意識しましょう。やがて、習慣になり、瞬間にできるようになります。それを心がけてください。

❸ベクトルの向きを変える

「つい、自分を責めてしまった」「自分が悪いと思った」というときは、罪悪感が刺激されています。いいとか悪いというジャッジを脇に置いて、単に事実を見ることを意識してみましょう。

誰かが犠牲になったのか、なっていないのか、何か問題が起こっているのか、いないのかを見てください。何が問題なのかもよく見てください。淡々と、相手、対象となる「人」や「事」だけを見るようにするのです。

イメージは、映画館で映画を見ている観客です。あなたの周りで起こっていることは、スクリーン上のことで、あなたはそこに出演していません。ドラマで起こっていることを見ているだけです。出演者が何か言うことは、自分に向かって言っているわけではありません。

これは、自分の意識上で、相手が、自分を責めるように自分に向けていると感じるベクトルの矢印を、自分から相手に向けた状態です。

「ベクトルの向きを変える」という方法は、「自分が悪い」と思ったときだけでなく、ふだんから心がけておくことをおすすめします。罪悪感があると自分に意識を向けがちなので、自分の外側がどんな状況なのかを意識的に認識するためです。そして、それは、相手を理解することでもあります。

いつも周りの人や相手の表情を客観的に見る勇気をもちましょう。映画だと思えば、俳優がどんな表情をしているのかを見ることができますよね。

❹花を撮って客観視のレッスン

それでも、相手を見る勇気がなければ、花が相手ならいかがでしょう。

スマホかデジカメで、花の写真を撮るとき、相手に意識を向けるレッスンができます。カメラのモニターやファインダーの中に、身近にある花を捉えてください。道端のタンポポでも、家に飾っている切り花のガーベラでも何でもかまいません。

花があまりに大きくあでやかだと、花に気後れする人がいます。大輪のバラやカトレアなどは、最初は避けたほうがよいかもしれません。

その花は、モニターの中で、どんな表情をしていますか？

角度を変えたら、違う表情になりませんか？

その花がいちばん喜んだ表情になるところは、どの位置でしょう？

花が最も輝いて見える瞬間がありませんか？

その瞬間、シャッターを押してください。そんな花の表情はたくさんあるはず。何度も、押してください。

そのとき、あなたの視線は花に向いています。花もあなたを見ていますが、花はあなたを責めたりしませんね。自分をよく見てくれてありがとう、と花が言っているように思えるかも。きっと、花はあなたの愛を受け取っていますよ。

撮った写真を見れば、視点が変わると、見え方が変わることがわかるでしょう。

それが正しいかどうかは、関係ありません。外側にある花を客観視できていればOKです。

外側を客観視できれば「自分を責めるような気配はない」、何か気配があっても「些細なこと」なら、問題ないですよね。おそらく、それが本当の状態でしょう。いつも自分が悪い、というのが「思い込み」だと気づければ、少し前進です。

これは、暗いところで滞っている罪悪感という感情に光を当てることになります。それだけで、感情は解放に向けて、動き始めることができますから。

慣れないうちは、条件反射のように罪悪感につかまってしまうかもしれません。でも、あなたはパブロフの犬ではありません。その状態から意識的に離れれば、自分を変えられます。

そのためにも、後でご紹介する感情診断で、どんな感情があるかを把握して、自分自身を「客観視」することをおすすめします。

相手から責められたら逃げてもいい

もし、相手から責められた場合も、本当に自分が悪いのかを判断するために、次の状況も、考えてください。

たまたま相手の機嫌が悪くてあなたに当たったとか、相手がマウントをとりたくて責めてくる場合もあります。そんなとばっちりを受けるのはごめんです。後者は、その場から逃げる、離れるに越したことはありません。自分を大切にしてくださいね。

補足ですが、それが高じたパワハラや、家庭内ではＤＶで悩む人がいます。暴言を吐かれて心が傷つけられるモラハラに悩む人も少なくありません。罪悪感があるなら、何度もお伝えしたように、もともと罰を受けたい気持ちになりやすいのです。そのため、日常の暴言やＤＶも、受け容れてしまいやすいのです。

こうしたＤＶやモラハラの場合、互いの間に境界を持ちません。相手は、「パートナーは自分の一部」のようなとんでもない勘違いをしています。主従関係を作り、それで相手が自分の思うように動かないと、キレて支配しようとして、暴力、暴言になります。愛しているならパートナーは従うべきだと、勘違いをしています。

お互い独立した人格で、相手の一部ではありません。相手の人格を尊重できず、境界を越えて傷つけてくる人からは、逃げるべきです。そこに罪悪感を持つ必要はありません。

相手の自己愛も足りていませんが、相手の足りていないものを満たそうと支えることは共依存になります。それは愛ではありません。共依存関係を続ければ、結果的に相手が自立する機会を奪い、相手のためにもならないことも心に留めてください。

謝る。自分を理解し赦す

ここでは、迷惑をかけたという事実がある場合についてお伝えします。

第2章の事例では、「ケガをさせたが逃げてしまった（加害者的罪悪感）」→「喘息発症（自分に罰を与える）」→「謝罪」→「喘息症状解消」のように、謝ることが自分を助けることになりました。

罪悪感を抱えたままでは、同時に「自分に罰を与える欲求」から逃れられないからです。それは自分を責め続ける「毒」となり、自分自身を壊しかねません。

もちろん、やってしまったことによっては、取り返しのつかないこともあるでしょう。ですから、ここでは、日常に起こる小さなことを中心にお伝えしていきます。

少しの「毒」でも溜まっていけば、ジャブのように効いてきますから。

意図的でなく、たまたま起こった不幸な出来事を、謝って相手も受け容れてくれたなら、もう引きずらないことです。

喘息の例でも、いったんは彼の症状が消えたのに、数か月後に再発しました。これは、長く自分を責めた「毒」の蓄積のせいかもしれないし、そもそも「白い罪悪感」があったからかもしれません（心の奥底では、自分を赦せていなかったのかもしれません）。

一方で、意図的に誰かを傷つけたとか、いじめに加担したとか、罪悪感を持ってしかるべき残念な状況だった人もいるでしょう。しかし、こうしたケースでは、パワハラ加害者を含め、私は相談を受けた記憶がありません。

このようなケースでは、やった本人は、自分が悪いと思っていない可能性が高いのです。その被害者の方が、パワハラやいじめのつらさを訴えて、相談にいらっしゃることは多いです。それだけ精神的に厳しい状況に追い込まれるからです。

そのような加害者は、潜在的な強い自己否定や罪悪感などの自身の心の闇から目をそらし、人を傷つけることで、自分の正しさや優位性を示して自分を保っている可能性があります。自分が誰かをたたいてしまった、そんな自覚があるならば、この本の花の写真を見ることをおすすめします。

自虐的な倫理観から自分を解放する言葉（アファメーション）

「私は自由だ」
「私は幸せになってよい」

このことに、あなたは、真に同意できますか。

第2章で「自由より人の和を大切にすべきだ」「謙虚でいなさい」「わがままを言ってはならない」などの倫理観をお伝えしました。間違った倫理観ではありませんが、過剰な倫理観として自分が縛られていることに、気づいていない人がいます。

元は「するべきだ」なのに、いつの間にか「してはならない」と禁止形に変化して、

「人の和を乱してはいけないから、自己主張はしない。そんなわがままはとんでもない」とどんどん過剰に自分を縛っていきます。

社会的な倫理観があなたの人生に自虐的に働いて、自分が望むことをするなんて無理だと思うなら、どこか過剰に自分を縛っている可能性があります。

でも、本来、「自分は自由」「幸せになってよい」なら、「自分はこれをやりたい」と言っても構わないはず。それが、あなたの望みで幸せにつながるのですから。

もちろん、なぜそれをやりたいのか、周りの人に理解を求める必要はあるでしょう。でもそれは、人の和を乱すことではなく、「自分の意志を伝えること」と「わがままを言うこと」は全く別のことです。

「私は自由だ」「私は幸せになってよい」

本気でそう思うなら、この自虐的な倫理観を壊しませんか。特に自分より「他者を優先している」と思ったら、ぜひやってください。

次の言葉を自分に沁み込ませるように5回、小さい声でも良いので読んでみてください。

＊＊＊

「人に迷惑をかけない範囲で、私の自由と幸福を追求することは全然かまわないはずです。私は、自由と幸福を求めて生きたいだけなのに、それを迷惑だと言われるのはもうイヤです！」

＊＊＊

読んだら、次に、「私は、本当は○○したい」をいくつでも書き出しましょう。

このとき、あなたが主語になっていることが大切です。子どもが夢を叶える、家族が幸せになる、などの内容は、あなたが主語ではありません。

旅行、趣味、仕事…なんでもＯＫです。「本当の自分を見つけたい」「自己実現したい」など、抽象的な願望でもかまいません。書いてあなたの望みに気づきましょう。

書けないなら、あなたが主語になれるよう、右の言葉を何度も音読してください。

「私は自由だ」「私は幸せになってよい」ことに基準を置くなら、あなたは「わがままで、申し訳ない」などの罪悪感を持つ必要は、一切ないのです。

思想家のジャン＝ジャック・ルソーは、「人は常に自分の幸福を望むものだが、常に幸福を見分けることができるわけではない」と言っています。

自分の幸福を見分けるのが難しい理由の一つは、罪悪感に倫理観がつながっているからです。せめて、あなたの自由と幸福を基準に、見分けたいものです。

自分がやりたいことを選ぶときに「わがままはダメ」をあきらめる根拠にするのは、もうやめましょう。人に受け容れられることが幸せだと錯覚しては、自分の幸せを選べません。どんどん自分が空っぽになって、自分の幸せに矛盾していることさえ、気づけなくなっては、重症です。

でも、自分の気持ちがわからなくなってしまう人はとても多いので、今、何か選択に迷っているなら、187ページの「感情診断言霊」で自己診断と感情の解放をおすすめします。詳しくはそちらに記載しますが、「○○を選ぶことに迷う気持ちが癒される必要がある」と書きます。

サバイバーズギルトの癒し方

直接、被災したわけではないのに、災害状況を見て、自分も何らかの行動をせずにいられなくなった人がいることを第2章で書きました。

アニメーション映画の新海誠監督もそのお一人です。2022年秋に公開された『すずめの戸締まり』について、NHKの番組「クローズアップ現代」でのインタビューで、そのような主旨のお話をされていました。新海監督は番組の中で、東日本大震災で自分が被災者ではなかった「うしろめたさ」を抱えていると語っていました。

この映画の主人公の鈴芽は、幼い頃、宮城で大震災に遭い、母が津波にさらわれたため、九州の叔母に引き取られて育ちました。まだ高校生の鈴芽は、

「生きるか死ぬかなんて、ただの運なんだって、
　小さいころから　ずっと思ってきた」

と語ります。鈴芽を通しての、サバイバーズギルトの告白とも受け取れます。

おそらくこれは、被災者ならずとも、多くの日本人が共有した感覚だったのではないでしょうか。その漠然とした「うしろめたさ」を抱いて、自分はどう生きるのかを改めて模索し始めた人の相談を私も何人かから受けました。

新海監督の場合は、『すずめの戸締まり』だけでなく『君の名は。』も『天気の子』も、実は災害がテーマだと語っているのを聞いて、あのうしろめたさを作品の中で問う形で、出口を模索されていたのだと感じました。

直接の被災者でなくても、あなたがそれを罪悪感と認識していなくても、または他の災害などの影響であっても、運よく生きていることの意味、価値を考えることは、自分の人生をより濃厚にする機会かもしれません。

ここでご紹介する方法は、ご自身でサバイバーズギルトをケアする場合にできることに留めます。

大切な方が亡くなって、その方に伝えたいことがまだある、自分が助かって申し訳ない、相手がやりたいことをできずに亡くなったなど、何か「思い残し」があるようなら、次のことをお試しください。災害以外のケースでも、使える方法です。

なお、実際に災害や事故で生き残った方には、PTSDなど心の傷が深い可能性も考えられます。その場合は、心理の専門家に相談することをおすすめします。

「出さない手紙」を書く方法

亡くなった方に対して、ご自身の中に残っている気持ちを手紙にして書いてください。自分だけ助かって申し訳ない気持ちや伝えたい言葉があるなら、手紙にしてください。一通だけでなく気の済むまで、何通でも書いてください。届けることはできませんが、心の中に残った思いを書いて、存分にその方に伝えてください。書くのがつらくなったら休んでかまいません。こんな気持ちまで残っていた、思い出した、ということも出てくるでしょう。場合によっては、その方に言いたかった文句が出てきてもおかしくありません。それも書いてかまいません。相手を罵ってもかまいません。その方との間にあるわだかまりが解けてくるまで書いてください。

もしその方が実現したくてできなかったことがあるならば、手紙の中でそれが実現

して、自分もそれを見て幸せになれたイメージを故人に伝えるように書けるなら、それはとても良いでしょう。

ただし、書いていてつらくなったら無理せず、いつでも休んでください。

このイメージは本来、心理セラピストがサポートしながら行うワークを手紙の形にしたものです。つらくて続けられなくても、ご自分を責めないでくださいね。

それでも書くうちに、亡くなった大切な方にあなたの気持ちは届いています。

この後お伝えする、「花の写真を使った解放法」を合わせてやっていただくと、ご自身の気持ちにどんな感情があるのかを客観的に見ることができると思います。

あなたの思い残した気持ちや申し訳ない気持ちも、ご自身の心の中から取り出して、紙という「もの」に変えてシュレッダーにかけるなどして手放しましょう。

ご自分のための人生を光の中で生きる機会になりますように……。

自分でも気づかなかった〝心の奥の感情〟を知る方法

ここではフラワーフォトセラピーで行っている感情診断の方法をシェアしながら、あなた自身が感情診断ができるようにお伝えしていきます。

「感情診断の目的」を最初に明確にしておきます。

罪悪感は、一つだけ存在するわけではありません。特に「白い罪悪感」とつながった感情にどんなものがあるのかを把握し、そのつながりから、あなた自身を理解できれば、これまで自分でもよくわからなかった考えや行動パターンの謎もわかってきます。人によってそれは全く異なります。

何よりご自身を理解することは、あなた自身をもっと大切に扱い、肯定することです。自分を受け容れて、もともと無実である自分自身を赦す機会になります。

それは「自分を愛すること」に他なりません。何よりあなたに大切なのは、「私が私によって理解されること」なのです。

フラワーフォトセラピーで感情診断をする準備

いくつかの簡単な準備が必要ですので、順を追って説明しましょう。

用意するもの

●A4を四つ折りにしたくらいの大きさ（A7）の無地の白い紙か白無地のメモ用紙数枚
●黒インクのペン（ボールペン、サインペン）＊シャープペンシル、鉛筆、色は不可
●花の写真（巻末付録）

手順

❶自分が癒したいテーマを決めます

（例）「つい自分を責めてしまう気持ちが癒されるといいな」

思いつかない方は、「肩こり」や「腰の痛み」が「癒される」でもかまいません。そんな身体の症状には、ストレスによる何らかの感情が隠れている可能性があるからです。

❷「感情診断言霊」を書く

「言霊テンプレート」に、①で決めたテーマを書き込みます（用意した白い紙に黒インクのペンで書きます。これを「感情診断言霊」と呼びます。書いた言霊は、「黒い枠」で囲んでください）。

「言霊」という言葉を使うのは、言葉はエネルギー（気）を持つと言われるからです。線枠で囲うことで、あなたが感情診断したい内容がエネルギーとしてまとまります。線は、フリーハンドで問題ありませんが、特に角など、開いていないように閉じてくださ い。枠が切れると言葉のエネルギーが漏れて診断しにくくなります。

また、テーマの結びの言葉はテンプレート通りに書きましょう。たとえば「〇〇の気持ちが癒される必要がある」など、主語は気持ち、結びは「される」と受動態にします。

「〇〇の気持ちを癒す」と書くと、主語は「私は」になり、「私は私を癒す必要がある」というように、癒すことを全部、自分で背負う言葉になってしまいます。

テンプレート

〇〇な気持ちが 癒される必要がある

感情診断言霊例

つい自分を責めてしまう気持ちが 癒される必要がある

受動態にするだけで、癒される力は、もっと他力をいただく形で働きます。ここでは花の写真も味方してくれます。誰かがサポートしてくれるかもしれませんし、見えないエネルギーが味方してくれるかもしれません。その可能性を消さないためにも、書き方には注意してください。

癒し編

❸感情診断言霊を胸に当てておなかから息を吐いてみる

息が深く吐ける（と感じる）なら、その言霊はあなたにとって本当に癒す必要がある内容です。この方法はＦＢＰ法*と言います。「最適合のものを確認」する方法です。

＊Feeling Breath Pulseの頭文字で、感覚、呼吸、脈を使うという意味です（ここでは呼吸のみ使います）。

※深く呼吸ができる場合は、言霊に書いたテーマが本当に合っていることを意味します。自分の心身が必要とするものが近づいて気の流れが良くなったからです。息が詰まるようで吐きにくいなら、その言霊は自分のテーマに合っていない可能性があります。

※息の吐き方は「その人の状態で変わるのでは？」という疑問をいただきますが、少し慣れてくると、深く吐ける感覚がわかって合っているものを選べます。最初のうちはわからなくても、まずはやってみてください。

❹巻末の花の写真を見て「気になる写真」をチェックし、記号をメモする

③の感情診断言霊を胸に当てたまま「気になる」写真を選びます。「気になる」の対象は、好きなもの、やけに目に入ってくるものだけではありません。「見ると嫌な気がする」「嫌い」と感じる写真は、好きな写真以上に気になっている写真ですので、必ずチェックしてください。

気になる写真は、通常1枚ではありません。何枚も選んでかまいません。選べたら、その中で最も気になるものから順位をつけていきます。

※花の写真はそれぞれ、ある感情に紐づいています。受け容れたくない感情の写真は、嫌い、見たくないと感じる可能性が高いです。それこそ、抑え込んで解放すべき感情かもしれません。必ずチェックしてください。

❺写真に紐づいた感情の内容を読む

最も気になった写真から順番にカード裏に書いてある感情の内容を読み、ご自分が

書いたテーマを意識して、感情を読み解いてみましょう。

例に挙げた言霊、「つい自分を責めてしまう気持ちが癒される」の場合、気になる写真は、順に「ｅ（罪悪感）」「ｃ（低い自己肯定感）」「ｍ（幸せの禁止令）」「ｋ（恐れ）」だとします。

まずは、感情がどんなものかを読んでください。

こんな感じです。

「自分を責めてしまうのは、やっぱり『罪悪感』があるせいかな。そうか、『自己肯定感も低い』よね、確かに。え、『幸せ禁止令』もあるの？　幸せになりたいのに、これはまずいかも。『恐れ』って、何かあったっけ。そういえば、つい自分を責めてしまうとき、誰かに責められる怖い気持ちがあるなぁ……」

書いてある感情を読み、診断のテーマについて、自分の感情を知るだけでも、ご自身の感情が意識化されて、手放す準備になります。

それが合っているか合っていないかは、関係ありません。あなたが選んだ写真に、間違いはありません。まずは自分の内面を知ることを楽しんでくださいね。

感情の内容で気づいたことや感じたことがあれば、それを受け止めるだけでかまいません。難しく考えなくて大丈夫です。

何度も選んでいると、覚えてしまうかも？　という危惧は不要です。その写真が何かを知った上で選びたくないなら、それは選ぶ必要があるということですよ。嫌いなカードが必要なものだとお伝えしましたが、同じ理由です。

望み実現編

次に「癒される」以外の言霊の内容、「望みが実現される」ための診断をしましょう。

この場合も「実現される」は受動態、「必要がある」で締め、黒い枠で囲みます。

【癒し編】の③と同様、この紙を胸に当てて息を吐き、その後、④気になる写真を選び、⑤写真の感情を見ていきます。診断された感情は、癒したい感情に違いはありませんが、あなたの書いた「望みの実現を妨げる感情」として理解してください。

たとえば、【癒し編】と同じ「e（罪悪感）」「c（低い自己肯定感）」「m（幸せの禁止令）」「k（恐れ）」の写真が気になったのなら、言霊に書いた望みを妨げている感情であると理解します。

この方の望みは、「天職に出会えること」。現在、天職に出会えていないから望んでいます。

テンプレート

○○という望みが 実現される必要がある

▼

感情診断言霊例

天職に出会えるという 望みが 実現される必要がある

【癒し編】と同様に、

「天職に出会えないのは、『罪悪感』があるから？　つまり天職に就いたら、申し訳ないってこと？　きっと白い罪悪感ね。確かに『自己肯定感が低い』と、天職だと思っても、ムリかも……と思ってしまうかな……。え、『幸せ禁止令』まである……。もし天職に出会っちゃったら、幸せになるものね。禁止令で自分から遠ざけているのかも……。『恐れ』はなんとなくわかる。今までもチャンスだと思っても、一歩を踏み出すのをためらったことがあったし……。ずいぶんいろいろと邪魔されているのね……」となんとなくわかれば十分です。

こうした感情が、望みの実現を妨げていることに、気づいていただければＯＫです。

なお、「天職」の部分を「真のパートナー」と書くと、良いパートナーに出会うことが妨げられていた理由がわかります。このケースでは、「幸せ禁止令」より「愛の禁止令」、または両方のケースが多いです。

なお、【癒し編】も【願望実現編】も、息の吐き方が合っているのか、きっと悩む

息の吐き方での違いが よくわからない方の練習法

●用意するもの

家庭にあるインスタントコーヒーとレギュラーコーヒー（豆をひいたものを紙などに少し取る。ドリップの場合は外袋を取った紙パックだけ）を用意。コーヒーがなければ、他の食品でインスタントや添加物の多いものと無添加か自然のもの。添加物入りのだしの素と無添加のだしの素か鰹節パックなどが良いでしょう。

●練習方法

レギュラーコーヒーを胸のあたりに近づけて、おなかから息をふーっと吐きます。息が自然に「ふーっ」と深く遠くに吐ける感覚がわかるでしょうか。

次にインスタントコーヒーを（少し紙に分けて取っても、ボトルごとでもかまいません）同じように胸に近づけて息を「ふーっ」と吐きます。

インスタントや添加物の多いものは、息を吐いて「ふっ」くらいの詰まった感じになります（インスタントコーヒーしか飲まない人は例外です）。

息を吐くときの口は、少しすぼめてリコーダーを吹くような気持ちで吐くほうが、吐ける感覚、吐けない感覚がわかりやすいです。どなたでもできます。

方がいらっしゃると思います。また、自分のテーマと感情とのつながりに気づくのは、少し難しいと思うかもしれません。これはセルフセラピーですから、あまり厳密に考えすぎず、気になる写真を選んで感情を読むことを楽しんでいただければOKです。

何よりこの感情診断によって、今まで見られなかった心の暗いところに光を当てることができました。第3章で、「理解されること」は「愛されること」だとお伝えしましたが、感情診断をしたことで、あなた自身の理解は、ぐっと深まったことでしょう。

感情診断は、あなた自身に愛を与えたことになります。

これは、とても価値あることです。正確でなくても「こんな感じだったんだ……」とわかるだけでも、あなたは、一歩どころか、百歩以上先に進んでいます。間違っても、難しくてできない、わからないと自分を責めたりしないでくださいね。

言霊応用編

複数の願望を一つの感情診断言霊に書く方法です。

左の下枠のように箇条書きにし、「以上の望み……」と書きます。合わせて書いてよいのは、同じカテゴリーのもの。健康と恋愛の組み合わせなど、異種の内容はＮＧです。

癒したいことも同様です。最後の言葉が「以上の望みが癒される必要がある」と締めてください。

テンプレート

天職に出会えるという 望みが実現される 必要がある

▼

複数の願望を感情診断言霊に書く場合

・天職に出会える ・進む道を確信し独立する ・独立1年後に安定して月収 50万円を得られる 以上の望みが実現される 必要がある

感情と「意識の池」

前にも説明しましたが、感情を意識の層で見るとき、「意識の池」にたとえられます。顕在意識と潜在意識の感情は、すべてこの本の写真セットで、表示したものと同じ、18の感情で対応しています。

胎児の頃の意識などは「意識の池」の底にあります。最も深層なので、むやみにかき回すことは池全体を濁らせるようなものですから、セラピストも慎重に取り扱います。セラピストは一番上の感情から徐々に解放して、クライエントさんの心に負担がかからないようにしています。花の写真も顕在意識の一番上の層「ひとりになって自分が自分と対話するような自己意識」に関係するものだけを掲載しています。

「自分のテーマ」が胎児期や受胎時の罪悪感と関係しているか、気になる方がいらっしゃるでしょう。セルフ診断ですから、心の奥に負担がかからないよう、シンプルな方法だけお伝えしますね。

【癒し編】で書いた感情診断言霊の「○○な気持ちが」を「胎児期の罪悪感が」と書き換えて胸に当て、息をふーっと吐いて深く吐けるようなら、胎児期の罪悪感がある可能性が高いです。

「胎児期」を「受胎時」に書き換えれば受胎時からの可能性をチェックできます。

ただし、精度は高くないので、結果に一喜一憂しないでくださいね。

テンプレート

○○な気持ちが
癒される
必要がある

▼

感情診断言霊例

胎児期の罪悪感が
癒される
必要がある

花の写真で感情を解放する方法

❶ 190ページの感情の診断④で選んだ写真の中から、解放したい感情の写真を選択します。

❷ 選択にはテーマの「感情診断言霊」を胸に当てたまま写真を順に指でさし、最も息を深く吐けたと感じる写真がベターです。選んだ順番の一番目の写真からお試しください。

なお、息の吐き具合がわからなくて迷ったら、気になる順位の一番目を選ぶのが良いです。どの写真もあなたの解放に使える写真ですから大丈夫です。

❸解放の方法は3つあります。

A花の写真をよく見て写すように絵を描く方法。お子さんにもおすすめです。

Bクリアフォルダに入れた花の写真の上にペットボトルかグラスに入れた水を置いて波動水を作り、飲んだりスプレーボトルから自分に吹きかけたりする方法（P206参照）。

※ペットボトルの水の場合は、ラベルをはがしてください。無地の紙コップ、透明のグラスは使えます。カルキを含む水道水、お茶はNGです（波動水で淹れたお茶はOKです）。20分ほど置けば波動水になります。

C写真の花をよく見て、イメージワークをする方法。

●選んだ写真をよく見たら、リラックスして目を閉じます。写真の花が、まだつぼみの状態をイメージし、目を閉じたまま、つぼみがゆっくり開く様子を見つめます。

●つぼみが十分に開いたら、花の中に入って横たわって休みます。たくさんの花がある場合は、蝶や蜜蜂になった気持ちで好きな花にとまって休んでください。

●休んだ花から起きて外に出ます。元の場所で目の前の花を手に取り、胸の内側に入れ、胸の中に咲く花の周りも意識します。暖かさなどの良い感覚を感じたら、それが広がっていくイメージをします。……十分に花から広がる感覚を味わえたら、胸から取り出します（まれに、花が痛い、違和感がある、気持ち悪いなどの感覚になる場合があります。その場合は、無理しないで取り出してください）。

●体を意識してイメージからゆっくりと新しい瞬間に目を開けていく……。

流れは、以上です。つぼみが開くイメージだけでもOKです。

※204ページのQRコードで、誘導音声にアクセスできます。ぜひご利用ください（aの花を選んだ場合は「小さい花用」、それ以外の花を選んだ場合は「大きい花用」をお使いください）。

解放できたかどうかの確認方法

解放の後は、テーマを書いた感情診断言霊を胸にあて、解放する前より息があまり吐けなくなっていれば、その感情の解放が進んでいます。

花の写真で感情を解放するイメージワーク

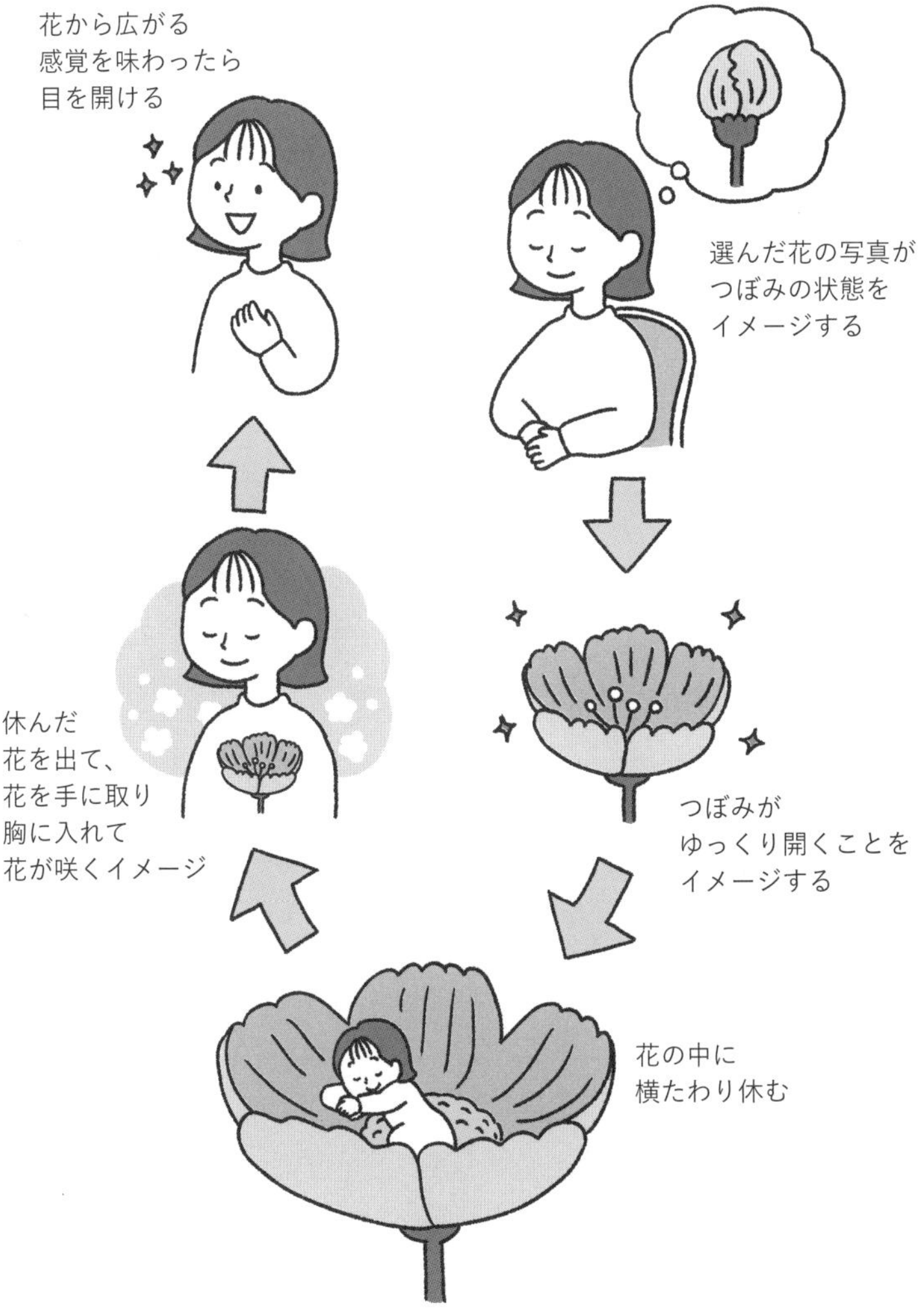
花から広がる
感覚を味わったら
目を開ける
選んだ花の写真が
つぼみの状態を
イメージする
休んだ
花を出て、
花を手に取り
胸に入れて
花が咲くイメージ
つぼみが
ゆっくり開くことを
イメージする
花の中に
横たわり休む

お使いになった写真は、顕在意識なので池の表面に近い層です。ここは、日常の中で、家族やパートナー、ごく親しい友人などと一緒にいる場面であらわれる自分です。専門的には「パーソナルリレーションシップセルフ」と呼んでいます。自分自身が一人でいるときや仕事などの場面で起こる感情とは異なりますが、関連しています。

この層の感情として、解放が済んだかを確認したいなら、使った「感情診断言霊」の最初に「自身のパーソナルリレーションシップセルフにおいて」と書き加えて、同じように息を吐いてみれば、「　　」内の言葉を書かなかったときより、息が吐きにくいはずです。この層だけは、ほぼ完全に解放できた可能性が高いです。

なお、本書では一回で潜在意識までの完璧な解放を目指すことは狙っていません。「意識の池」の底にいきなり対応すると、ご本人に負担がかかるからです。

※他の顕在意識の写真などに興味をお持ちの方は、フラワーフォトセラピー協会かハーツイーズのホームページにアクセスしてください。

イメージワーク
音声QR コード

イメージワーク
大きい花用

イメージワーク
小さい花用

感情解放についての、よくある疑問・質問

皆さんが感情を解放するために、よくある質問をQ＆Aでお答えします。

Q　**写真をいくつも選んだのに、解放に使う写真は、一つだけで良いのでしょうか？**

A　イメージワークや絵を描く方法の場合、複数の写真を選んでいても一つを使えばいいのは、感情相互にすべてつながりがあるからです。感情の関係をご自分なりに捉えていくだけでも、効果的です。

一つの感情の解放は、真珠のネックレスにたとえれば、端の珠を一つ切ったら、全部抜け落ち、感情も一気に抜けていくようなイメージです。

感情のつながりを理解するのが難しくても大丈夫です。選んだ写真の他の写真も使ってください。全部使わなくても、かなり好転していきます。

続けてワークするのが面倒なら、やや時間を長めに花から息を吸うように意識してじっと写真を集中して見るだけでも、かなりの解放ができます。

なお解放法の一つ、B「花の写真で波動水を作る」場合（201ページ参照）は、複数枚を重ねて、天然水のペットボトルのラベルをはがしたものを1本、上に置くだけです。最低20分でも使えますが、数時間置いたほうがベターです。波動水を作るためには、この本から写真を切り離すか、カラーコピーを取ってください。拡大してもOKです。いずれも、透明のクリアフォルダに入れ、その上に水を置くだけです。

ただし、長い間、外気にさらした写真は、波動が落ちて使えなくなることが多いので、通常は透明のカードケースに入れて使うことをおすすめします。同じ意味で、コピーの写真は弱いので、波動水に使ったら処分する気持ちでご利用ください。

Q どの方法がいちばん速く解放が進みますか?

Ａ　イメージワークが、最速です。プロのセラピストなら、一段階分の意識層の複数の感情を、約15分で、ほぼ０％まで解放できます。この方法を自分で実践してくださった場合も後日、私が診断すると、ほとんどの方が「意識の池」の図、一番上の層の数字が０％に近いものでした。軽い気持ちでやってみてください。

Ｑ　子どもにすることは可能でしょうか？

Ａ　可能です。ただし、選んだ感情の原因を探ることは避けてください。たとえば、「泣きたい気持ちが癒される」という感情だった場合、なぜ泣きたいのか、自分に責任があるのか、といたずらに心配しないでください。原因を探してもおそらくわからないし、お子さんを問い詰めては意味がありません。

どんな感情であれ、そんな感情を持っていることに気づくだけでＯＫです。

お子さんに対して行う方法をお伝えしますね。

感情診断言霊は使わないので、とりあえず、お子さんに「気になる写真はどれ？」と選んでもらいましょう。複数枚でもかまいません。

赤ちゃんの場合は、片手で赤ちゃんに触れたまま、親御さんが花の写真を順番に手で触れながら息が吐ける写真を探します。わからなければ全部でもかまいません。

写真は、フラワーフォトセラピー協会のホームページにも掲載しているので、PCに写真をアップで表示して、赤ちゃんに見せるだけで、十分に解放されます。

絵を描くことができるご年齢なら、写真を見せて絵を描くことでOKです。可能なら、お子さんの胸に写真を当てて、親御さんがお子さんに触れて、息が吐きにくくなっていれば解放終了です。お子さんは、イメージワークが難しいですが、絵を描く方法なら最も解放が進みます。楽しんで描いてもらうと良いですね。

Q 「うちの子、罪悪感あるのかな?」と思った場合

A ご自分のお子さんに罪悪感があるのか、心配になる方もいるでしょう。また、ご自身の対応がお子さんに罪悪感を与えてしまったかもしれないと、気になることもあるでしょう。でも、そこで自分の罪悪感を新たに持たないでくださいね。それでは、意味がありません。

＊＊＊

お子さんの対応について、家族にできることをシンプルにお伝えします。

罪悪感は、早い時期であるほど、楽に簡単に解放できます。また、早期に罪悪感の影響が減れば、小さな心の葛藤が減り、素直に未来が流れていきそうです。

就学前のお子さんでも、気になった写真を指さしてもらい、その花の絵を描くだけで、かなり解放が進みます。小学生なら、低学年のほうがより楽に感情の調整ができますが、高学年のお子さんでも、写真を選んで絵を描いてくれればそれでＯＫです。

仮に描いてくれない場合は、２０１ページでお伝えしたように波動水を作ってポットで沸かし、お茶を淹れて本人に飲んでもらうなどの方法があります。年齢を問わず、この方法は使えます。また、家族のどなたが飲んでも問題ありません。

早いという点では、生まれてすぐが最善の時期です。なぜなら、その赤ちゃんにとって、罪悪感も、まだ種に近い状態ですから。自分が悪いような感覚が育つ体験を現実世界で味わう前に芽を摘めば、胎児期の罪悪感の解放だけで済みます。

誕生時に難産でバーストラウマの可能性がある赤ちゃんの場合も、出生時の恐怖は、罪悪感になりやすいことを書きました。

以前、長い時間のお産を経て生まれた赤ちゃんに、出生時の恐怖の写真を使っていただいたことがあります。その写真を赤ちゃんの傍に置くだけで、赤ちゃんは写真のほうを向いて、ニコニコして喜んだと聞いています。しばらく後で、その赤ちゃんが受けた恐怖のトラウマは、完全に解放されたことを確認しています。その後、その赤ちゃんはご両親の愛を受け、天真爛漫で周りからも愛されるお子さんに育っています。

なお、胎児期や出生時には、その時期に対応した写真が別にありますが、この本の写真で、罪悪感や恐れなどの感情を解放する写真を赤ちゃんに見せたり、傍に置いたりするだけでも役に立ちます。どの写真がいいのかわからなければ、全部見せても大丈夫です。

もちろん、お母さんのおなかにいるときから胎教のように、お母さんがこの本の写真をご覧になるのは、かまいません。

一つの可能性として次のような例もあったことをお伝えしておきます。

以前、軽いマタニティブルーで相談に来られたお母さんに、きちんとこの段階を経てお母さんの感情を解放することで、マタニティブルーも、本人が忘れるほど良くなっていましたが、おなかの赤ちゃんにも写真を使って、感情の解放をしていただいたことがありました。おなかの赤ちゃんの胎児期の感情を診断し、罪悪感などの存在がわかったからです。

すべてがセラピーのおかげと断定はできませんが、初産でもお産がとても軽く、誕生後の赤ちゃんの感情も安定していたので、周りが驚いてどんな対応をしているのか、聞かれることが多かったそうです。

Q 写真はスマホで撮ったものやコピーでも効果は同じですか？

A コピーは、ＯＫです。解放の効果は早く薄れますが、どんどんお使いください。スマホで撮って見るのはＮＧです。効果が変わってしまいます。この後、花写真の秘密をお伝えしますが、この花写真が特殊なのは、花の撮影時に撮影者の意識が

花写真・感情解放の仕組み

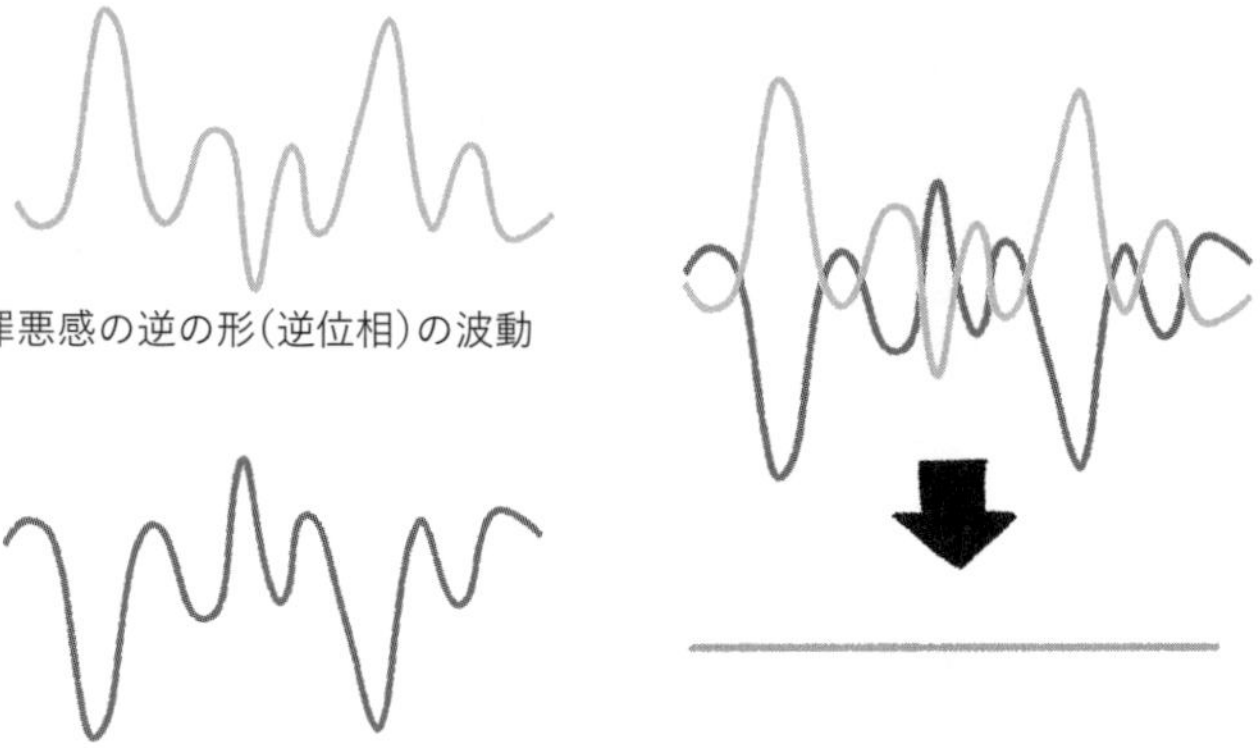

罪悪感の逆の形（逆位相）の波動

重ねると互いに波を打ち消しあい
波が消える

波がない平らな状態＝情報が消える
（罪悪感が消える）

ないからです。スマホで撮り直した場合、撮った人の意識が必ず入ります。

効果が変わるかなくなるとご理解ください。どんな写真を選んだのか、記録が目的なら、撮って、後で元の写真を見直すことにお役立てください。

Q なぜこの花の写真が感情の解放に役立つのですか？ 波動水とは何ですか？

A この花の写真は、撮影者の意識を入れずに花のエネルギーだけを撮っています。音や色は周波数があり、波を持つことをご存じでしょうか？ その周波数は、エネルギーの情報です。

右の図は、オーディオなどに使われる「ノイズキャンセリングシステム」に似ていると言われたことがあります。

罪悪感をはじめとするブロック感情は、「意識のノイズ」的エネルギーですから、キャンセリングしましょう（波形は、あくまで原理としてご理解ください）。

波動水については、生花のエネルギーを水に転写した「フラワーエッセンス」が１９３０年代にイギリスで生まれ、歴史があります。このように水は、エネルギー転写の媒体になることが１００年近く前から知られています。

フラワーフォトセラピーの写真は、花のエネルギーを写したものです。写真自体のエネルギーによる波動で、写真の上に水を置くだけで転写が可能です。

Q　花の写真より、生きている花のほうがエネルギーが高そうですが……？

A　ごもっともな質問だと思います。花には癒されますものね。生花は生きているので、瞬間瞬間にその表情を変え、同時にエネルギーも変わります。

セラピーでは人を癒すことが目的なので、誰が使っても働き方に再現性があることが必要です。そのためには、固定されたエネルギーが必要です。写真では花のエネルギーが固定され、再現性をもって使えます。また、デジカメで撮った写真は、光のデジタルデータです。写真の中の花の色だけでなく、形や背景との関係で、構成されています。全体像で、特定の感情を解放する写真になっています。

また、同じ理由で、たとえばバラの花がある感情を解放するわけではありません。全く同一の花が、撮ったタイミングで別の働きをすることもよくあります。

Q この本の写真は、パーソナルセルフだけだそうですが、私には胎児期の罪悪感があるみたいです。全然、解放できないのでは？

A この本に載せていないのは、「意識の池」の底まで先に解放をすると、ご本人に負担がかかるからです。

「意識の池」の上の層が浄化されると、下の層の感情が徐々に一番上に上がってくると思ってください。不調和を感じてもなんとなくでも、時々、どんな感情があるかを診断します。仮に同じ写真が必要になっても、また使えばよいのです。

こうして解放することを繰り返すと、時間はかかりますが、池全体の濁りも、完全でなくても薄まっていきます。

Q 一度、感情を解放したら、もう繰り返さないのでしょうか？

A 原則として、同じテーマで最深層まで解放したのなら、原理的には、テーマの情報は消えているのでリバウンドはありません。

しかし、池の上だけを解放している場合は、解放しきるまで、自ずと何度か同じ感情の解放を繰り返すように感じるでしょう。

以前より高いゴールを目指すテーマになれば、解放した感情がまた見つかることがありますが、それは繰り返すこととは意味が違います。

たとえば、以前はやりたい仕事で独立開業をする希望があったとします。それを妨《さまた》げていた感情に、潜在意識の「幸せ禁止令」や胎児期の頃までの罪悪感や恐れを解放し、望み通り、独立できたとします。

しばらくして、仕事が順調に展開し、必要があって年収で一千万円は得たいし、海外でも展開したい、という以前より高い望みを持ったとします。その場合、達成するゴールが上がったために、かつて解放した罪悪感や禁止令などが、再浮上してくることがあります。でも一度解放しているので、すぐにクリアできることがほとんどです。

４段の跳び箱を跳ぶのが怖かったけれど、跳べるようになった。今度は６段を跳ぶことになったら、また怖くなった。でも以前の経験があるから、すぐにその怖さは克服できて、楽に跳べるようになった、という感じです。

ご自身の意識が成長するにつれ、求めるものも次第に高くなります。それは当たり前ですが、それに連動して感情にブレーキがかかっても、解放の仕方が見えているので、チャンスに踏み出すことが楽になります。

それでもまだ、罪悪感の幻影を引きずるなら

ここまで罪悪感の解放の方法について、お伝えしました。

さて、罪悪感を深層まで解放しても、繊細なＨＳＰや人の感情などの影響を受けやすい敏感な方にはまだ引きずる人もいます。そんな敏感な方の対応に最後に触れます。

結論から言いますと、引きずってしまう方は、「他者から責められる、傷つけられたら、どうしよう」という恐れの体験が多く、体が反応して身構える癖が抜けません。そのために「悪いパターンに自動的につながってしまう」ようです。

それで、常に自分は人にジャッジされていると意識し過ぎます。まずは、意識のベクトルを自分から相手に向けて観察することを心がけてくださいね。

繊細な方々が、人の感情などの影響を受けやすいのは、それだけ自分を保護するエネルギーが弱いからです。また、出生前から「罪悪感」や「恐怖」の感情をお持ちの方がほとんどです。そのせいか、周りの人の「攻撃」的な感情に特に敏感で、強い感情を向けられるだけで、たじたじとなってしまいます。

まだ「やっぱり私は迷惑をかけた……」という反応がすぐに出るなら、無意識のうちに、そのほうが何かメリットを感じている可能性があります。

「自分の能力は、たいしたことがない」と示しておくことで、大きな仕事の責任を負うリスクを避けられ、安全でいられるという誤った学びをしたのかもしれません。そうすれば、責任を取る立場を避けられて、安全だからです。

この場合、そのようなメリットによって自分を守っているようですが、やはり自分を傷つけ、自分を過少評価せざるを得ず、自己肯定感を下げます。

戦いは終わりました。頑張ってきたあなたは、何も悪くないのです。

そんなあなたに、人は思ったよりもずっと優しく、愛をもって接してくれますよ。

第6章

私は、なりたい以上の「私」になれる

――もっと自由に、もっとラクに生きられる

罪悪感から解放されると「本当の私」が戻ってきます

ここまで、罪悪感の影響を受けている人の世界をお伝えしました。

罪悪感が解放されていくと、本来のあなたのペースであなたのために、あなたがやりたいことにエネルギーを使えるようになっていきます。

もう、自分が自分に罰を与えるような「自分は後回し」の気遣いや自分を責めるためにエネルギーを使わなくて済むのです。


それが何を意味するかおわかりでしょうか。

罪悪感から解放されると、「本当の私」が戻ってくるのです。

望む人生を生きるため、時間も体力も精神力も、自分のためのエネルギーとして使っていけるのです。チャンスがやってきたら、それをつかむためにするっと行動することもできます。そして、そのチャンスをものにして人生の高みへとどんどん昇ることもできるのです。そんな人生の選択が可能なことをまず、受け容れましょう。

この章のタイトルに「なりたい以上の私」と書きました。

これまでのあなたは、やりたいことを目指して、現実に形にしてバリバリ活躍している人を「すごいなぁ。私にはとてもできない」と思っていたかもしれません。

でも、そこに少しでも「私もそんな人生が生きられるなら……」という思いが混ざっていたのなら、「なりたい私」への思いはあるのです。

それとも、「なりたい私」がどんな「私」なのか、見えませんか。

「なりたい自分」は、どんな自分でしょうか

職場のできる先輩、技術だけでなくマインドにまで憧れる専門職、イキイキと輝いている人など、なりたい目標の誰かをイメージし、その人に近づくことが、なりたい

自分になることだと思いがちです。

まだはっきりと「なりたい私」を想像できなくても、漠然と「こんなことができる人になれたなら……」と思ったことはありませんか。やりたかったけれど、心の奥に封印していたことはないでしょうか。

憧れの人がいるなら、その人に教えを乞う方法を探すのもいいでしょう。ずっとやりたかったことの資料を手に入れたり、関係する本を読んでみるだけでもOKです。どんな小さなことでも、最初の一歩を踏み出す方向としては、間違っていないはず。たとえ資格が必要で、年齢的に無理があったとしても、探せば近い形の何かが見つかることは少なくありません。

誰かに憧れて、その人のもとで修業したとしても、いずれその人と違った自分のオリジナルを追求することはできます。茶道や武道で言う「守破離」のように、最初は型を守っても、やがてその型を破り、型を離れてオリジナルになっていけたら、最初のなりたい以上の自分がそこにいるはずです。

一方で、「なりたい自分がわからない人」も多くいます。バリバリ活躍する人を見て、まぶしすぎて自分とは「別世界の人」、自分には無関係だと思うかもしれません。罪悪感が抜けていないと、「なりたい私」になること自体、「夢物語」だと思うかもしれません。「なりたい私」を実現させたら、自分への罰にならないからです。

でも、**あなたには、どんな形であれ、自分の人生を実現し、幸せになる権利があります**。今はまだ、どんなところが自分の強みなのか、何が得意なのか、見えていないことも多いかもしれません。これまで自分自身を過小評価して、本当のあなたの価値に触れてこなかったのですから、当然です。

それはすべて、過去の自分をベースに考えているからです。今からは未来です。

幸せになることに自分に許可を出しましょう

これから罪悪感、さらに幸せの禁止令などからも解き放たれると、幸せになることにあなた自身が許可を出せます。本当の自分を取り戻し、自分の能力を肯定できるようになっていきます。望む人生に気づき、その方向に歩きだして行けるのです。

それは、「新しい私」です。

もしも、この瞬間に「なりたい私」像が一瞬でもひらめいたのなら、どんなイメージの人だったのでしょうか。

たとえば……

やりたい仕事で起業して、会社で決められた時間に縛られることもなく、良い人たちに囲まれて、のびのび自由に生きている。そしてその仕事は、社会に大きく貢献できている（まだ、具体的に何をするかが、わからなくても）。

あるいは、最愛のパートナーと互いにライフワークを尊重しあいながら、自分の望む形で自立して、子どもたちにも理解され、愛ある家族と生きていく。そんな人生が幸せだと感じる人もいるでしょう（まだ、パートナーも子どももいなくても）。

仮にひらめいたイメージが、途方もなく遠い世界のようなイメージであっても、あるいは地味で目立たないイメージであっても、何が価値を持つのかはその人次第です。

そして、そのイメージは、あなたが今より自由で幸せであることを満たしているでしょうか。それが、一番大切なことですから。

もし何もひらめかなくても、焦る必要はありません。どうなりたいのか、慌てて考える必要はありません。あなたが自分の何を活かせばいいのか、まだわからないのが当たり前です。


罪悪感の解放後は、今の「なりたい私」は、きっと「なりたい以上の私」になれるという意味が、わかってくるでしょう。

本当のあなたには、もっとすごい力があるのです

私は、相談者にカウンセリングをして、感情診断をさせていただいていますが、かなりのスキルをお持ちなのに、罪悪感や恐れなどの感情の影響で、うまく活かせていない方がけっこういらっしゃいます。

それは語学力だったり、専門的なエキスパートだったり……能力があるにもかかわらず、非正規雇用などで、力に応じた収入を得にくい環境にいる人がとても多いのです（スキルがあっても、活かさずに全く違う仕事を選んでいるケースも少なくありません）。

もっと収入は上がるはずなのに、「ほどほどの収入があればいい」と自分にブレーキをかけている方もいるのです。罪悪感は自分に罰を与えたい欲求だと何度も書きましたが、「より高収入の自分」を許せていないということに無自覚な人も多いのです。

こうしたケースの場合、自己肯定感は低いままですから、ご本人は、頭ではもっと収入が欲しくても、自分の能力に応じた収入だから、仕方ないと、受け容れている印象があります。

持っている力が埋もれるのは、本当にもったいないと思います。社会的な損失の可能性さえありますよね。

たとえば、専業主婦で家事と育児に専念していたけれど、結婚前にやっていたフラワーアレンジメントやハンドメイドの雑貨などを本格的に再開して、ネット販売や教室を開き、多くの人に感謝されながら収入を得ていく、ということも可能なのだと知ってください。本当のあなたには、思っている以上の力があるはずなのです。

なまりの靴を履いたまま跳ぼうとしていませんか？

罪悪感を抱えて生きているのは、バレーボールで鉛入りの重い靴を履いて、練習をしているような感じです。

昭和のスポコンマンガの特訓ではないので、あなたにとってその靴は、高いところからアタックを打つためのジャンプ力養成のために必要な靴ではありません。

間違って与えられた靴に鉛が入っていることにも気づかず、練習すると跳んでも走っても動きが悪いと思われ、自分も迷惑をかけていると思っています。試合に出ることはなく、ずっとベンチで応援。靴を履き替える機会もなく、それがハンデになっているとも気づきません。本当は単に間違って履いた靴のせいなのに……。

そんな重い靴は、さっさと脱ぎましょう。誰も「その靴、おかしい」と言ってくれませんでした。けれども、靴を脱いだら、あなたはどれだけ高く跳べるのでしょうか。あなたは「罪悪感」という鉛の靴を履き続けながらも、ここまで頑張ってこられたのです。それはあなたが持っている素晴らしい底力。その潜在力にどうか気づいてください。

その飛べる高さは、あなたの「のびしろ」です。走っても、かなり速いでしょう。その速さものびしろです。罪悪感フリーの人よりも、鉛の負荷があった分、潜在力は、未知数です。これまで力が封印されてきた分、それが解かれたら、何が現れるのでしょうか。とても楽しみです。

まだ重い靴を脱ぐことに躊躇しますか（そうだとしたら、自分に罰を与えたい点で、かなりの重症です）。時々、それが自分に似つかわしいかのように、甘んじてその状況を続ける人がいます。あなたなら、どうしたいですか。

罪悪感があった人生は、むしろ「宝」

では、ディープな罪悪感に悩んできた人のそれまでの人生は、その人にとっての黒歴史なのでしょうか。

私は、全くそうは思いません。

罪悪感は、いったん解放しても何かのきっかけで、また感じることがあるでしょう。でも、すでに罪悪感のある世界を体験し、解放できた体験があれば、対応方法も知っています。状況を変えられる方法を学んでいる分、少し先の状況が見えるので、楽に抜け出せる、という力が備わっているからです。

罪悪感を体験したからこそ、自分の人生の意味に気づく人、その体験があったから人生がシフトして、未来が変わった人は少なくありません。

ある日、私はフリーランスで仕事している人たちとランチをしていました。

話の流れで私は、「本当に自信がある人は、自信がないという感覚がわからない」

という話をしました。この本の中で紹介した「ナチュラル系自信家さん」のことです。

すると同席していた一人が、ひと言、

「うらやましい……」

とぼそっと言いました。

その人は、ビジネス系の本をすでに何冊も出版している人です。かなりの努力家で、仕事で課題を抱えた人の立場に立って解決する方法を編み出し、教えています。

私は、

「自信がないから、それを埋めるように努力してきたんですよね」

と言うと、その人は、ちょっと苦笑いをしながら軽くうなずきました。

もし、もともと自信があったら、問題解決のスキルは生まれなかったでしょうし、本になることもなかったかもしれません。本がなかったら、それらの書籍を読んで、助けられた人もいなかったことになります。

自信のなさから生まれたノウハウがあったからこそ、誰かの役に立つことができたという好例は意外と多いものです。

あなたの罪悪感の体験は、「使命」に変わります

これまで、本書で実例を挙げた方々の多くが、罪悪感を解放することから、自分の役割に気づいて、次の人生のステージに上がっていくことができました。

セラピストをしている人には、そんな体験がある人が多いのですが、相談する側にしても、「自信のない人ってどんな人?」というナチュラル系自信家さんよりも、自分の悩みをわかってくれそうな体験のあるセラピストのほうが、安心できますよね。

私のセラピスト仲間にもそんな人がいます。自己肯定感が持てないことに苦しみ、仕事をすれば失敗して罪悪感に苦しむ経験をいくつもしましたが、今ではどんな自分でも自己肯定できるようなメソッドを構築し、相談を受けています。

過去が大変だったからこそ、自分の命の使い方、「使命」に気づけた人たちがいます。その葛藤を超えて学んできたものは、その人にしか、得られなかった才能だと思ってください。そんなプロセスを味わえる人生は、むしろ面白いのです。

実はそんな使命に気づけると、「なりたい以上の私」になれます。どんな仕事であれ、何かをしようとする人は、単に好きだからするのではなく、「なぜ、それを選んだのか」が、きっとあるはずです。誰かに「何か」を届けたい思いかもしれません。自分の経験が「誰かの役に立つ」という思いかもしれません。
その仕事を選んだのは、「どうやってそれを届けるか」の方法だったのかもしれませんよ。そこに気づくと「なりたい以上の私」にきっとなれます。

物語のヒーローはたいてい、最初は臆病で自信がなく、自分の役割に気づいても、決断を躊躇します。でも、物語は、絶対に一人では進みません。必ず力を貸す人がいます。そして互いの力を認め合い、自分の力に目覚め、成長して目的を果たします。自分にそんな物語は、関係ないと思いますか？　いいえ、あなたもヒーローかもしれません（ただし、何もしなければ、妄想の物語で終わりますが！）。

人との出会いが力となって助けられることについて、もう少し詳しくお話ししていきましょう。

あなたがこれから作るのは、愛でつながった濃い関係です

他者と関わり未知の世界と関わる

「私が持つ使命や生きる意味がわからない」としたら、人と関わる量が足りていないのかもしれません。自分について人と関わらないと気づけないことは、実は自分が思っているよりもとても多いのです。

なぜなら、あなたが他者の未知の世界を知っていくことで、自分の世界に気づく機会が増えるからです。

かと言って、かつて体験したように、人の言うことに従って、自分の自由や幸せを

犠牲にすることでは全くありません。罪悪感から解放され、自由と幸せを自分に許したあなたは、すでに「自分らしく生きる」ために、人と関わっていけるのです。

第5章で、他者から自分に向かう意識のベクトルの矢印を、自分から他者に向けることをお伝えしました。他者を意識して見ることは、その人を理解しようとすることに他なりません。実際、人を理解しようとしない人は、自分も理解されないでしょう。

これまでに、他者が自分を責めないまでも、値踏みされるような感覚を持ったことがあったかもしれません。また、価値観の違う人に、心のシャッターを下ろしたくなったこともあったでしょう。「あの人は……だから、ムリ」と生理的に無理な人もいるでしょう。どんな人でも、理解しなくてはいけない、ということではありません。

そして、何かあなたの過去の心の傷に触れてくる人がいたら、無理せず離れてかまいません。

実は、人を理解することは、相手に思いやりをもって、愛を与えることに他ならないのです。そんな愛は、やがて自分自身に返ってきます。対象は、あなたが興味を持った人だけでかまいません。

とはいえ、他者と関わり、未知の世界を広げることは、易しいことではありません。ですから、次の「４つのステップ」にまとめました。

他者を通して自分の世界が広がる４つのステップ

では、他者を理解することで、自分の世界を広げる段階を順にお伝えします。

《Ｓｔｅｐ…１》

相手をただよく観察するように見るだけでＯＫです。何となく興味があって話したいと思っていたけれど、まだ接点を持てなかった人を対象にしましょう。

そんな人がいなければ、夫や妻、子どもや親でもかまいません。ただし、家族だからよく知っているというのは思い込みの可能性があります。そんな思い込みを捨ててニュートラルに観察してください。
「あの人は、なぜあんな行動をするのだろう、建前ではあんなふうに言っているけれど、本当はこういうことを望んでいるのではないか」というようなことがわかってくれば、素晴らしいです。理解につながっています。

家族の場合、意外なことが見えてくるかもしれません。相手は、こんなことを望んでいるだろうと勝手に思い込んでいたことが、違っていることに気づくこともあるでしょう。そして、そんな発見がいちばん大きな意味をもちます。

《Step…2》

観察の結果、気づいたことを思いきって伝えてみるとよいでしょう。
気づいたこと、理解できたこと、それは真にそう思ったのなら、褒め言葉であっても、相手の意外な印象を伝えることでもOKです。相手は最初、驚くかもしれませんが、人は、ちゃんと自分をわかってくれている人を拒否しないものです。そして、わかってくれたことに、言葉で言わなくても感謝するはずです。

《Step…3》

この段階では相手が自分を理解してくれた存在として、あなたに興味を持ってくれます。相手からあなたは、意外なことで褒められるかもしれません。あなたは当たり前にやっていることでも、人にとっては、「すごい!」と思うことは、かなりあるのです。そんな言葉は、あなたをよく見て深く理解した人しか、言ってくれません。

視点の違いは、互いにすり合わせて認め合うと、自分にないものを相手に見つけます。それを自分の持つ何かと統合することがあります。そこに、対立はありません。

たとえば、第2章に取り上げた『君たちはどう生きるか』に出てくるコペル君は、おじさんとの対話で、「人間は分子なのかも」と語ったら、おじさんから、自分中心の考え方を抜けきっている、「ものの見方」がコペルニクスのようで素晴らしい!と褒められます。彼は自分ならではの視点に気づくと同時に、おじさんも、彼から何かを受け取っていきます。おじさんは、そんな交流をノートに記録します。コペル君はそこから自分がどう生きたいのかを、学びます。互いに何かを統合していきました。

異質な存在だからこそ、人と人の異なる世界観がぶつかったとき、化学反応のように互いの世界観に大きな変化が起こることさえあるのです。

《Step…4》

この段階に進めるとしたら、そんな化学反応から、相手とあなたの間に相乗効果で新しい何かが生まれることが起こります。互いの世界観がステージアップし、成長していくでしょう。

コペル君のおじさんは、コペル君とのやり取りを記録したノートを元に、「君たちはどう生きるか」を問う本を出版することにします。そして、コペル君だけでなく、多くの少年少女に人間としてあるべき姿を伝える「新たなもの」が生まれました。

家族が対象でもそれは起こります。互いの価値観を理解し合い、独立した存在として認め合うことは、互いの大きな成長になります。

もし、これまで専業主婦だった女性が、これから仕事をしたいという希望を持ったとき、家族から深く理解を得られたら、前に進みやすくなります。夫が協力してくれるのはもちろん、その女性だけでなく、夫にとっても、自由と幸せにおいて、未来の成長を促すことになるでしょう。

もちろん、相手がマウントをとってきたり、上から目線で話したりする人なら、スルーしてかまいません。すでに罪悪感から解放されているあなたは、自分が下に見られることを許しません。対等でないのは、あなたの自由と幸せに反するからです。

それでも、そのような人を理解するように見ると、なぜその人が、自分が優位に立ちたいのか、その理由が見えてきます。

たとえば、「あの人は自信がないからだ」と、気づくことが多いでしょう。その場合、「残念な人だなぁ……」と思うだけで十分です。

そんな理解をちゃんとすると、こちらが何も言わなくても、相手が上から送ってきた目線が変わるでしょう。それは、「相手が最も気づかれたくないこと」だからです。でも、それも理解なのです。そんな理解は、何も言わなくても通じてしまうようです。その後、その人はあなたを侮ったら怖いと思うはずです。

ここに書いたことは、ヒントです。でも、相手の自信のなさを確信と共に理解できたなら、相手の態度はきっと変わりますよ。もちろん、その人と距離は取るべきです。万一、反撃のプレッシャーを与えてくるなら、逃げるが勝ちです。

こうして理解という愛で互いを尊重し合う関係は、つながりを濃い関係へと発展させます。周りの人は敵ではなく、必要があれば自分を助けてくれる人だと信頼できるようになり、逆にまた自分も助けることができる循環の関係は、これから自由で幸せな人生を選ぶのなら、確かな支えになっていくでしょう。

仕事、恋愛、学校……新しいチャンスの選択に迷ったなら

濃い関係を意識して以前より多くの人と関わるようになっていくと、新しいチャンスに恵まれることも増えるでしょう。すると何かを選択する機会も増えます。

やりたい仕事が複数ある、働きたい企業、最適なパートナー、（親の希望ではなく）子どもが行きたい学校、その他、いろいろなことで選択する機会があります。

そんなときに直感で選ぼうとする人は多いのですが、先入観などが本当に選びたいものを選ぶことを妨げかねません。そこでまた、感情診断言霊を使う方法があります。

たとえば、結婚相手を選びたい場合、上のテンプレートの○○には、「パートナー」と書きます（「最適な」の部分は、「最高に幸せになれる」などのように言葉を変えてもかまいません）。そして、黒い枠で囲みます。

下のカードは、□□の中にパートナーの候補名を書きます。候補の数だけ、紙を変えて名前だけを書きます。名前も黒い枠で囲ってください。一人だけの場合は、選択と言うより、その人が最適かどうかを判断するのに使えます。

テンプレート

> 自分にとって最適な
> ○○が表示される
> 必要がある

▼

下記の「　」内の言葉をテンプレートの○○に、〝　〟内の名称を下枠の□□に入れます。なお必要な枚数は、候補の数です

- ・「パートナー」候補の〝**名前**〟
- ・やりたい「仕事」の候補の〝**職業名称**〟
- ・「取引先（または就職先）」候補の〝**企業名**〟
- ・「進学先」候補の〝**学校名**〟

など

対象名を書く

> □□（姓）
>
> □□（名）

名前が書けたら、自分でもどの紙に誰が書いてあるのか、わからないようにシャッフルします。片手をテンプレートの言霊の文字面に置き、もう片方の手で、名前のカードの文字側を自分の胸に当てます。1枚目の名前で息を吐き、別の1枚の名前のカードで息を吐きます。深く息が吐けたほうが、あなたにとって最適なパートナーです。パートナー以外にも、職業名、学校名、会社名、病院名など、応用はいろいろです。

予測と違う結果になることは、よくあることです。納得いかない場合は、同じように何度もやってみてもかまいません。ただし、選ばれてほしい名前の意識が強いと頭で選ぼうとして、バイアスがかかることがあるので、要注意です。

この選択方法は、判断する上で良い材料になりますが、慣れないと選択に自信がありませんよね。最終的な判断は、ご自身でしていただくことは言うまでもありませんが、息を吐いたときの違いに自信を持つためには、日常的な練習もおすすめです。次のコラムのようなことを日頃から心がけてみましょう。

日常の買い物、食べ物など、自分に適切なものを選ぶ方法

※基本は複数の選択肢で、指で指すか体に当てて、
最も息が吐けるものを選ぶ

- お店でランチを選べないとき、メニューの写真を指差して息を吐いて選ぶ。
- 料理で合わせるのに良いスパイスを、料理に近づけて息を吐いて選ぶ。
- 着ていく服が決まらないとき、候補の服を体にあてて息を吐いて選ぶ。
- 自分の肌に良い化粧品はどちらが良いか。色はどちらが良いか息を吐き選ぶ。
- ○○に合わせる色（服、ジュエリー、パワーストーン、花など）を選ぶときに。
- 安くても、価値ある良い○○を選びたいとき。

日常のちょっとした選択肢で送ったとき息の吐き方で選んでみましょう。選ぶ目的を強く意識して手を当てて息を吐くという感覚を身につけることが大切です。なお、結果は自己責任ですが、練習感覚で楽しんでお試しください。より正確に適切なものを選びたいときは、選ぶ内容を書いた感情診断言霊を持つほうが精度が上がります。

あなたの未来は、今から始まります

ナイチンゲールにも罪悪感はあった？

この本では取り上げませんでしたが、恵まれているから罪悪感を覚える人がいます。実例として取り上げなかったのは、実際にそんなご相談は受けなかったからです。

看護師の祖のようなフローレンス・ナイチンゲールさんのことは、ご存じでしょう。彼女の家はかなりの上流階級で、当時の女子としては、語学を始め、相当な高等教育を受けていたそうです。

しかし、慈善活動で訪れた貧しい農家の悲惨な生活に、衝撃を受けたと言います。そこで彼女は、恵まれているが故の罪悪感を持った可能性を感じます（実際に感情診断をしたわけではありませんが、可能性は高いと思われます）。

しかし、クリミア戦争の従軍看護師になったのち、さまざまな医療改革に取り組んでいます。もしかしたら、罪悪感の可能性もあるきっかけが、多くの人を助け、大きな社会貢献につながった可能性を感じます。

もうためらわないで。自分の人生を生きることを

この本では主に「白い罪悪感」について、どうしたら解放が可能で、解放したら、どうなるのかをお伝えしてきました。

実際、罪悪感はどんな人にでも存在し、また程度の差こそあれ、人生の在り方に重い影響を与えることは、否めません。

白い罪悪感でも軽い人もいらっしゃるし、かなりがっちりと人生に食い込むような罪悪感をお持ちの方もいました。

そんな方々の中で、この本でお伝えしたような罪悪感の解放さえ、申し訳なく思っ

てしまう人が、ある程度いらっしゃることが予測できます。取り組む前から、良くなることを放棄してしまう方々です。自分を思いやること自体、罪悪感を抱いてしまうようです。セラピーの現場でも、たびたびそういう方にお会いしました。まるで、自分に罰を与えることで、自分が生きることがようやく許されるかのようです。

でも、そんな方を含めてお伝えしたいのは、それは「本当のあなたではない」ということです。

罪悪感を解放したら、未知の景色を見る機会がきっと来ます。そのことによって、禁止令の罰が来ることも、自分に罰を与えたくなることも、もうありません。絶対にこうでなければ……という価値観から解放されて自由だから、心に余裕ができて、自然に自分らしくいられます。

あなたが人生に迷ったときには、選択の基準を自分の「自由と幸せ」にすることを思い出してください。もう自分のために生きて良いのです。そこにためらいは不要です。

そして、どんな行動をすればよいのか迷うなら、理解という「愛」を忘れずに。行動するとき、相手がいるのなら、その人をまず理解することです。仕事の上での行動なら、その仕事の先に、どんな人が待っているのか、何を望んでいるのかを理解するよう心がけましょう（もちろん、遠慮するという意味ではありません）。もしもモノを作るなら、それを利用する人たちに、どれだけ、どんな役に立てるか、という理解、思いやりを持って、取り組みましょう。

そんなことがあなたの未来に、より具体的な手応えをもたらすでしょう。

あなたの人生を変えるのは、あなた自身

この本では、何度も「あなたは悪くない」と言いました。
でも、「自分の人生を変えるのは、あなた自身」です。
罪悪感から解放されることは、これまでの罪悪感に苦しんだ人生からも解放される

ことです。罪悪感が消えたら、周囲の人の思いやりにもっと気づけ、何に対しても素直に感謝できて思いやりを持てるようになります。自分も愛で満たされ、自らも愛を自然に与えていくような輪の中で、心底、生きていてよかった！　と思えるようになります。すると、人生で見える景色が自ずと変わってくるのは、本当です。

お伝えしたように、あなたと世界の関係が、変わってくるからです。

「自分の自由と幸せ」を求める人生を生きるかどうかは、あなたに選ぶ権利がありま す。そしてその選択をするかしないかは、あなたの決断です。

このままでいるのか、自分が納得する人生を生きるのか。選択するのは、あなた自身の責任です。

責任を英語で書けば、responsibility　つまりレスポンス（呼びかけへの応答）ができる力を意味します。日本語の「責任」という言葉は、それだけで罪悪感が刺激される印象ですが、「応えられる力」と捉えれば、もっと自由に感じませんか。

「自分の自由と幸せ」を求める人生に応えられる力は、ここまでで養われました。

あとは、あなたが、あなたらしく生きるには、自由と幸せを求めることに「OK！」と応答できるかどうか。それだけです。

その応答がすんなりできるほど、まだ十分に罪悪感が解放されていないですか？

それならまず、罪悪感を解放して、自由と幸せの感覚をつかんでください。この本をお読みの時点で、すでにその選択はなさっています。

あなたが、そしてあなたの大切な方が、自由と幸せ、そしてその人生が愛に満たされたものになりますように。

この本が、お役に立つことを願ってやみません。

あとがき

本書をお読みになって、いかがでしたでしょうか。
自分は悪くないのに、悪いと思ってしまう人が救われるような本を作りましょう、と担当編集長の手島さんとお話ししてから完成まで約一年かかりました。

罪とか罰とか、あまりうれしくない文字がたくさん並んでいるので、抵抗を感じた方もいるかもしれません。でも、それは本来あるはずのないもので、そんなニセの感情に消えてもらい、本来の自分を取り戻していただきたいと思って書きました。
この本でご紹介しているフラワーフォトセラピーは、ご存じない方がほとんどでしょう。さらに、心理学としては非常識なことも書きました。反発や反論もきっとあると思いつつも書いたのは、今、自分が悪いような気がしても、それが「白い罪悪感」なら、本当のあなたは、もっと力を持っていることを伝えたかったからです。

これを書いた今年は、フラワーフォトセラピー協会が夏に10周年を迎え、前著からも10

年の月日が経っています。この間、自身の両親も他界し、人の生老病死をより実感していく中で、より良く生きることを訴えたいという気持ちが強くなりました。

かなりネガティブなことを意識した内容ですが、その反対側にあるポジティブなものに、もっと光を当てたかったことが、本来の趣旨です。この本で、そんなお手伝いができたら、何よりうれしく思います。

私は心理セラピストとして、25年間、ご相談に対応してきましたが、この本を書く中で、実例に挙げた方を含め、かなり前に担当したご相談者や生徒さんとのセッション中の対話さえ、生き生きと蘇ってきました。皆様との出会いがなければ、この本は形になりませんでした。多くを与えていただいたことに、本当に感謝いたします。

そして、心理学や哲学に監修的に相談に乗っていただいた、フラワーフォトセラピーの開発者、本宮輝薫《てるしげ》先生、青春出版社の小澤源太郎社長、この本の制作に関わってくださった皆様と、本当に身を削ってこの本を良くすることに尽力くださった編集長の手島智子さんには感謝の言葉もありません。

最後に、読者になってくださったあなたに感謝します。本当の自分に出会えますように。

２０２３年10月の終わりに　内藤由貴子

参考文献

・『自分を責めずにはいられない人』 著／片田珠美　PHP新書
・『悪いのは私じゃない症候群』 著／香山リカ　ベスト新書
・漫画『君たちはどう生きるか』 原作／吉野源三郎　漫画／羽賀翔一　マガジンハウス
・『インナーチャイルド』 著／ジョン・ブラッドショー　監訳／新里里春　NHK出版
・『胎内記憶』 著／七田眞　つなぶちようじ　ダイヤモンド社
・『愛着障害は治りますか？　自分らしさの発達を促す』 著／愛甲修子　花風社
・『TA TODAY― 最新・交流分析入門』 著／イアン・スチュワート　ヴァン・ジョインズ　監訳／深沢道子　実務教育出版
・『精神分析理論の展開―欲動から関係へ』 著／J・R・グリーンバーグ　S・A・ミッチェル　監訳／横井公一　ミネルヴァ書房
・現代思想2019年11月号『反出生主義を考える』～「生まれてこないほうが良かった」という思想　森岡正博＋戸谷洋志 討議　青土社
・『バイブレーショナル・メディスン』 著／リチャード・ガーバー　監訳／上野圭一　訳／真鍋太史郎　日本教文社
・『ホリスティック・パラダイム』 著／本宮輝薫　創元社

著者紹介

内藤由貴子　フラワーフォトセラピスト。心理セラピスト。一般社団法人フラワーフォトセラピー協会代表理事。

明治大学文学部卒業後、百貨店に勤務。カルチャー講座の企画職を経て、心理セラピストに。フラワーフォトセラピーの相談例の増加と共に深層の「罪悪感」が心を解き放つ鍵だと確信し、相談者を次々に好転に導く。自ら人生を創造できる人が増えれば社会が変わると信じ、セラピスト育成に邁進中。

本書では、気づかない生きづらさの元になる「白い罪悪感」を手放し、自分らしい人生を取り戻すための方法をまとめた。

●フラワーフォトセラピー協会

●ハーツイーズ

つい「自分《じぶん》が悪《わる》いのかな」と思《おも》ったとき読《よ》む本《ほん》

2023年12月15日　第1刷

著　者　内《ない》藤《とう》由《ゆ》貴《き》子《こ》

発行者　小澤源太郎

責任編集　株式会社 プライム涌光
電話　編集部　03(3203)2850

発行所　株式会社 青春出版社
東京都新宿区若松町12番1号 〒162-0056
振替番号　00190-7-98602
電話　営業部　03(3207)1916

印刷　三松堂　　製本　フォーネット社

万一、落丁、乱丁がありました節は、お取りかえします。

ISBN978-4-413-23334-7 C0011

巻末カラー付録

フラワーフォトセラピー 感情カード

このカードは、あなたが癒されるための感情解放に役立つカードです。それぞれの花の写真は、あなたを悩ませているある感情に紐づいています。点線で切り取ってご使用ください。
このカードでできることは、2つ。

1 気になる写真を選ぶだけで、あなたが今、ストレスに感じていることがどんな感情からもたらされているのか、願望を妨げている感情が何か、セルフ診断できます。

2 あなたを悩ませている感情を選んだ写真を使って解放することができます。

このカードは、親、家族、パートナー、友人など、親しいどなたかとの関係で引き起こされる感情を癒すことに、特に役立ちます。

花のカードの裏には、「(○○の感情が)癒される」と書いてあります。これは、(　　)内の感情が、あなたを悩ませている感情だという意味で、花の写真は、それを解放するように優しく働きかけて癒してくれます。
日常で感じるストレスチェックと解放に、いつでもご活用ください。

撮影/©フラワーフォトセラピー開発者　本宮輝薫

自分の今の感情をチェックしたいとき（P190参照）

1. 今、癒したいことや実現したいこと、または今の感情を知りたいと意識します（シンプル診断なので感情診断言霊は不要）。
2. 気になる写真（目に飛び込んでくる、好き、嫌い）を何枚でも、直感で選びます。
3. ②で選んだ写真を気になる順番で1番目、2番目、3番目…を決めます。
4. 気になる写真の順に1番目から裏に書いてある感情の意味を読んでいきます。
5. 感情の意味は難しく考えず、①に関連する心当たりがあれば把握してください。

カードの裏の意味の読み方例

※朝、家族に朝食の用意が遅い、と言われて傷ついたので、癒されたい

※選んだ写真は、1番目がcの「低い自己肯定感が癒される」、2番目にgの「淋しさ、孤独な気持ちが癒される」

→「確かに相手に自分を否定された気持ちになった。でも、自分なりにがんばったのにわかってもらえず、淋しかった…。なぜ傷ついたのかがわかったから自分を癒そう」

感情を解放したいとき

花のエネルギーを吸うような意識で選んだ写真を見る。

願望実現したいとき

選んだ写真は、あなたの願望実現を妨げている感情です。花の写真で、妨げているものから解放されてください（感情を解放したいときの方法と同じ）。

使用上の注意

写真を長く利用していただくために、切り取ったらできるだけ、クリアフォルダやカードケースに入れて保管してください。使用には、コピーして2～3回使ったら交換するなど、こまめに新しいものを使うことをお勧めします。理由は、解放された感情などが写真の表面に付きやすく、たくさん付くと写真が使えなくなるからです。

a

b

c

d

e

f

a

もっと満足したい
という気持ちが
癒される

b

落ちこみや
抑うつ気分が
癒される

c

低い自己肯定感、
自分を愛せない
気持ちから解放される

d

空虚感、虚しさが
癒される

e

罪悪感、
自分を罰したい
気持ちが癒される

f

うらやましさ、
嫉妬の気持ちが
癒される

g

h

i

j

k

l

g

孤独感、淋しさが
癒される

h

不安、心配の
気持ちが
癒される

i

怒り、憎しみが
癒される

j

恥ずかしさが
癒される

k

恐れや怯えが
癒される

l

悲しみが
癒される

m

n

o

p

q

r

m

幸せになってはいけない
という禁止令から
解放される

n

健康になってはいけない
という禁止令から
解放される

o

真実の愛の
禁止令から
解放される

p

張り裂けそうな
心の痛みが
癒される

q

泣きたいような
気持ちが
癒される

r

どうしていいか
わからない、
迷う気持ちが癒される